Donaulegionäre

Zu diesem Buch

In den Jahren seiner Existenz (von 753 „Rom kroch aus dem Ei" bis hin zur Zeitenwende) hatte Rom sich stetig entwickelt – über die Herrschaft schließlich Italiens, die Niederringung der Seemacht Carthago bis hin zum Herrscher des Mittelmeerraums. Das Erreichte war überschaubar und beherrschbar.

Doch hinter dem Erreichten war weiteres Unentdecktes, noch nicht von Rom Beherrschtes. Roms Landhunger war noch nicht gestillt.

Die Schicksalsströme Ärmel-Kanal, Rhein, Donau und Euphrat waren quasi erreicht, doch Rom wollte mehr.

Was immer Rom anzog und auch für die Gestaltung des Lebens benötigte, waren neue Landstreifen, deren Bodenschätze, deren Bevölkerung. Alles dies sollte Rom dienen, Teil des Reiches werden.

Der Sprung nun speziell über die Donau ließ die Römer auf dortige Germanen treffen, laufende Auseinandersetzungen waren die Folge. Zur Sicherung der gewonnenen illyrischen Gebiete und des Donauraumes musste sich Rom teilen, Macht abgeben, ein zweiter Schwerpunkt wurde Ostrom, Roma Nova – was später zur Teilung Westrom-Ostrom führen sollte. Zu bewältigen war anschließend der Hunnensturm mit dem Einfall der Goten ins Imperium Romanum.

Zum Autor

Hartmut Raddatz, geb. 1937 in Lütjenburg (Schleswig-Holstein), besuchte die Gymnasien Plön und Oldenburg und trat nach dem Abitur in die Laufbahn des gehobenen Dienstes der Bundespolizei ein.

Nach Dienstverrichtung an verschiedenen Staatsgrenzen zur Bundesrepublik Deutschland widmete er sich privat zunehmend dem Studium geschichtlicher Literatur, speziell jener über die römische Kaiserzeit.

Hartmut Raddatz lebt in Bad Krozingen nahe Freiburg im Breisgau.

Hartmut Raddatz

Donaulegionäre

1. Auflage November 2018
© 2018 Hartmut Raddatz
Herstellung und Verlag: BoD – Books on Demand, Norderstedt
ISBN 978-3-7481-8055-5
Bibliographische Information der Deutschen Nationalbibliothek
Die Deutsche Nationalbibliothek verzeichnet diese Publikation in der
Deutschen Nationalbibliografie; detaillierte Daten sind im Internet über
http://dnb.de-nb.de abrufbar

Gewidmet:

Dem treuen Donaulegionär in Diensten Roms,
dem Migranten des Gotenvolkes,
der nicht wusste,
woher er kam, wohin er ging.

Danksagung:

Meine Danksagung beginnt bei Herrn Studienrat Breyer, der mir den Einstieg in die „Lingua Latina" verschaffte. Studienassessor Schmidt, Lehrer für Latein, vermittelte mir die Ideale der Römer in ihrer Hochzeit.

Herrn Hauptmann Kairies danke ich, dass er mir die Hinterlassenschaften der Römer in der Kaiserstadt „Augusta Treverorum" (Trier) zum Eigenstudium empfahl – ein Muss für jeden Römerfreund.

Bedanken möchte ich mich auch bei meiner Tochter Maike, die das Entstehen des Werkes mittels ihrer Schreibkraft erst ermöglichte, für all ihre Geduld und Arbeit mit mir und „meinen Römern".

Inhaltsangabe

Seite

1. **Einleitung** 9
   Roms Aufstieg zur Weltmacht der damals bekannten Welt des
   Orients und des Okzidents und Beschreibung der Größe des
   Reiches zur Zeitenwende

2. **Roms Griff nach Illyrien, Thrakien und Dakien** 24

2.1. Zeit der Dynastien (Julisch-Claudisches Haus) 24
2.1.1. Erste Schritte nach Illyrien – einsetzende Eroberung unter 26
      Caesar und Augustus
2.1.2. Feldzüge des Tiberius 12-10 v. Chr. 28
2.1.3. Pannonischer Aufstand 30
2.1.4. Aufruhr der Donaulegionen 33
2.1.5. Verkehrswegesystem Illyriens 37
2.1.6. Ereignisse in Illyrien im 1. Jahrhundert n. Chr. 48

2.2. Trajan – Hadrian (Adoptivkaiser) 55

2.3. Antonius Pius, Marc Aurel, Commodus (Antonine) 67

2.4. Geschehnisse an der Donau im 3. Jahrhundert n. Chr. 88
      (Soldatenkaiser)
2.5. Zeit der Illyrer und inoffizielle Verlagerung der Macht Roms 90
      nach Osten
2.6. Weitere Machtverschiebung von Rom nach Konstantinopel 93
      unter Konstantin

2.7. Der Hunnensturm und seine Folgen 95

2.8. Die Reichsteilung 100

3. **Schlusswort** 109

4. **Zeittafel** 113

5. **Fundstellen** 115

1. Einleitung: Roms Aufstieg zur Weltmacht der damals bekannten Welt des Orients und Okzidents und Beschreibung der Größe des Reiches zur Zeitenwende

Das Jahr 753 v. Chr. gilt landläufig als das Gründungsjahr Roms, dieser späteren Weltstadt und führenden Macht der damals bekannten westlichen Welt.

„753, Rom kroch aus dem Ei", spricht der Volksmund.

Jeder mit geschichtlicher Entwicklung konfrontierte Zeitgenosse – oder auch als Angehöriger späterer Generationen – musste dieses Datum zur Kenntnis nehmen, als Lernender, als Betrachtender oder aber als Urteilender.

Gelegentlich wurde akribische Jahreszahlenkenntnis als überflüssig, ja als wenig sinnmachende Gedächtnisbelastung abgetan, für sinnvoll hingegen erachtete man das Wissen um Zahlenketten, die sich entwickelnde Ereignisse jahreszahlenmäßig beginnen ließen, weiterverfolgten und irgend-wann abschlossen.

So markierte das Jahr 753 v. Chr. den Beginn eines Gemeindestaates, aus dem in einigen Jahrhunderten eine Weltmacht, das „Imperium Romanum" werden sollte.

Rom beeinflusste sein Umfeld, eroberte es, beherrschte es und entwickelte sich selbst fort, nicht ohne selbst beeinflusst worden zu sein, erreichte den Zenit, überschritt ihn, um dann unterzugehen, anderen den gleichen Verlauf überlassend.

Wohl kaum ein Imperium erreichte aus kleinsten Anfängen heraus eine derart nachhaltige Ausstrahlung, ein so gewaltiges Ausmaß über eine so extrem lange Zeitdauer von 1200 Jahren – zählt man oströmisch: nahezu 1500 Jahren.

Es war, als ob mit der Gründung Roms ein göttlicher Stein vom Himmel gefallen war, gleich denen, die unsereins im Kindesalter des Öfteren von einer Brücke auf das darunter fließende oder stehende Wasser warfen, die wir selbst hinunterplumpsen ließen, um dann das folgend entstehende Bild zu beobachten, nämlich die immer größer im Wasser sich bildenden Kreise, die klein anfingen, größer wurden und schließlich vergingen, nichts hinterlassend.

So entstand Rom aus einer latinischen und mehreren sabinischen Siedlungen, es entstand unter etruskischen Adligen, die Ewige Stadt auf Palatin, Quirinal, Esquilin und Viminal.

Die Stadt erhielt den Namen eines dieser adligen Geschlechter, den der Gens Ruma.

Die Hügelstadt bot Vorteile für Aufblühen und Bestand, nämlich eine gute Verteidigungslage, überdies war sie frei von Malaria. Zudem war sie an einer Salzhandelsstraße gelegen, was eine Entwicklung zum Handelsplatz erwarten ließ.

Die etruskischen Könige machten die Stadt zum wichtigsten Ort von Latium, Rom war geboren. Spätere Führungskräfte waren die Patrizier.

Patrizier (herrschende Klasse) stellen:

- Großgrundbesitzer
- Praetoren, später Konsuln (Notzeit = Diktator)
- Liktoren

Geführte waren die Pebejer.

Plebejer (plebs = Volk) stellen:

- Kleine Gutsbesitzer
- Handwerker
- Händler

(werden vertreten durch Patronus = Schutzherrn)

Im Lauf der Fortentwicklung Roms kommt es (o.a. Wellenbewegung) zu Auseinandersetzungen mit den Nachbarstämmen.

Dazu stellte man seitens Rom Wagen bereit:

- Adlige Streitwagenkämpfer
- Plebejische schwerbewaffnete Fußkämpfer

Die kampfkräftige römische Truppe bestand aus 193 Hundertschaften (Centuriae). Die kräftemäßige Aufgliederung ergab sich wie folgt:

Patrizier bieten auf: 18 Centurien Reiter
                         80 Centurien Schwerbewaffnete
Plebejer bieten auf: 95 Centurien

In Versammlungen der Hundertschaften (comitia centuriata) wurde über Krieg, Frieden sowie andere Fragen beraten und abgestimmt.

Aufgrund des bestehenden Zahlenverhältnisses der beiden Parteien war der Ausgang der Abstimmung zugunsten der Patrizier vorprogrammiert. Daraus entwickelte sich zunächst ein Gegeneinander, wie sich unschwer denken lässt.

Die Plebejer hielten eigene Versammlungen ab, es etablierten sich Ädilen und Volkstribunen (tribuni plebis).

Später galten Beschlüsse der plebejischen Versammlungen auch für die übrigen Römer, der Ausgleich zwischen Patriziern und Plebejern war erfolgt.

So ging der Aufbau Roms weiter seinen „Wellenweg".

Rom, der göttliche Stein, erweiterte seine Wellenbewegung und vergrößerte allmählich den Einflussbereich um die Stadt herum nach allen Seiten.

Das römische Gebiet wurde zunächst durch die an- und umliegenden „Latinischen Kolonien" erweitert.

Die neuen Gebiete werden mit Militärstützpunkten durchsetzt, sie werden zu Militärkolonien. Deren Bewohner mussten zum Waffendienst bereit sein, wie auch schon vorher die Stämme der Herniker, Aequer und Volsker den Römern Waffenhilfe leisteten.

In einer weiteren Auseinandersetzung werden die Latiner endgültig geschlagen, 338 v. Chr. ist der Latinerkrieg beendet, der Latinische Bund wird aufgelöst.

Roms Macht dehnt sich aus.

Rom schließt Bündnisse mit den latinischen Städten, es untermauert so seine wachsende Herrschaft.

Die Latiner behalten ihre Selbstverwaltung, sind aber zur Heerfolge verpflichtet.

Wieder zeigt sich die geschickte Führung Roms, Geben und Nehmen sind Garanten für den weiteren Aufstieg.

Natürlich gibt es dabei Unterschiede, immer so, dass Rom das Heft letztendlich in der Hand behielt, will sagen, einzelne Gemeinden genossen volles Bürgerrecht, andere hingegen nicht, sie blieben z. B. ohne Stimmrecht.

Wieder ein nicht ungeschickter Schachzug Roms, die einen fühlten sich zur Loyalität verpflichtet, andere bemühten sich um den besseren Zustand.

So führte Rom über Jahrhunderte.

Dieses Verhalten der Römer ihren jeweils Besiegten gegenüber, Verpflichtung zum Heeresdienst einerseits und Belassen des Ackerlandes wie der Selbstverwaltung andererseits, erwies sich als wohl durchdacht und ließ keinen Hass, Zwist, Zwietracht und Kampf gegeneinander aufkommen, es führte vielmehr zu prosperierendem Wachstum.

Vor der Auseinandersetzung mit den Latinern kam es bereits zu langwierigen Kämpfen mit den nördlich von ihnen lebenden Etruskern, über einhundert Jahre dauerte die Auseinandersetzung mit jenen, ehe Rom als speziellen Sieg die Zerstörung der Stadt Veji im Jahre 396 v. Chr. verbuchen konnte. Umgehend verlegte Rom eigene Volksteile dorthin.
387 v. Chr. mussten sich die Römer der nördlich der Etrusker lebenden Kelten erwehren, die von Oberitalien antretend, bis nach Mittelitalien vorgestürmt waren. Ein römisches Heer wurde an der Allia aufgerieben, nur noch Geld konnte die Kelten besänftigen, sie zogen ab.
Zudem schützen sich die Römer durch den Bau der servianischen Mauer.
Ein weiterer Wellenring trug dazu bei, Roms Staatsgebiet zu erweitern, gemeint sind die Erweiterungen römischer Stammlande aufgrund der Samniterkriege. Südlich und nördlich des bis dato römischen Staatsgebiets grenzte das der Samniter, diese stürmten nun gegen Rom; zunächst die südlich gelegenen um 298 v. Chr.

Wollten sie Rom zuvorkommen?

Niemand gibt mehr den Grund an. Siege und Niederlagen verbuchen beide Parteien. Zu allem Unglück treten noch die nördlich wohnenden Samniter gegen Rom an, dabei kraftvoll unterstützt durch Einheiten der Etrusker und Kelten.

Im Jahr 295 v. Chr. gelingt es den Römern bei Sentinum in den umbrischen Bergen, die Oberhand zu gewinnen.

Um 290 v. Chr. suchen die Samniter um Frieden nach. Das nun einsetzende Procedere dürfte dem bisher geübten gleichen.

Zunächst wurden seitens der Römer Heerstraßen angelegt, sie führten zu den neuen Militärkolonien. Rom war sich bewusst, dass es von Wichtigkeit war, Straßen und Stützpunkte für die künftige Beherrschung hinzueroberten Gebiets vorzuhalten.

Rom musste daran gelegen sein, stets schnell mit Masse und zu jeder Zeit an Brenn- wie Schwerpunkten eingreifen zu können, Präsenz zu zeigen und damit Grundlagen für die vorgesehene Romanisierung zu schaffen.

Der bewusste Wellenring ist größer geworden, es hat sich erweitert, Rom ist Herr Mittelitaliens.

Aber – ganz Italien soll es sein und so richtet Rom seine gierigen Blicke auf den Süden Italiens, nach Tarent, der mächtigsten Griechenstadt Unteritaliens.

Einzelne Griechenstädte dieser Region beginnen sich zu fürchten, sie werden abtrünnig und üben in gewisser Weise Verrat an der eigenen Sache, sie stellen sich unter römischen Schutz. Auch Tarent fühlt sich bedroht.

Dessen Einwohner zerstören im Hafen Tarents ankernde römische Schiffe, ein äußerst willkommener Anlass für Rom, loszuschlagen.

Tarent wird eingenommen.

Dies ruft den König Pyrrhos von Epirus (heutiges Albanien) auf den Plan, er stellt sich vor, in Unteritalien fündig zu werden – mit Volk, Hoheit und Land.

Kriegselefanten und thessalische Reiter bietet er auf, es gelingt ihm, die Römer in mehreren Schlachten zu besiegen, 280 v. Chr. in Heraclea, 279 v. Chr. in Ausculum.

Ein weiterer Vormarsch in Richtung Rom gelingt ihm nicht.

Nach einem Zwischenspiel auf Sizilien, wo er gegen die dort in Teilen herrschenden Karthager kämpfte, kehrte er nach zwei Jahren auf italisches Festland zurück.

275 v. Chr. wird Phyrros durch die Römer bei Benevent besiegt, er verlässt das Land und wendet sich nach Griechenland.

272 v. Chr. ergibt sich Tarent den Römern, von den Unterstützungskräften verlassen.

Rhegium fällt 270 v. Chr.

Damit endet die griechische Herrschaft in Unteritalien. Rom hingegen hatte seinen unaufhaltsamen Vormarsch in dieser Region fortsetzen können, es herrschte unangefochten über Süditalien.

Ins Visier geriet nun die Insel Sizilien, für das sich als Ganzes neben den Griechen brennend Karthago interessierte – sicherlich neben wirtschaftlichen auch aus strategischen Gründen, stellte es doch zum einen quasi eine Art Brücke zwischen Italien und Nordafrika dar, wie es zum anderen die Beherrschung des Schiffsverkehrs zwischen dem östlichen und dem westlichen Mittelmeer in Form von Überwachung ermöglichte.

Damit geriet der potentielle Konflikt Rom – Karthago in greifbare Nähe, aufgrund der Gegebenheiten und der bisher erreichten Position beider Staaten war er über kurz oder lang unvermeidbar.

Rom selbst hatte sich inzwischen wie folgt entwickelt:

Gebietsmäßig erstreckte sich das römische Gebiet vom Rubikon im Norden bis zur Südspitze Italiens. Ethnologisch wird es gebildet aus:

- Römern
- Latinern
- Bundesgenossen

Diese Volksgruppen sind durch Bündnisse zu einer Wehrgemeinschaft (foedus) zusammengeschlossen, verbindliche Kommandosprache im Einsatzfall war die lateinische Sprache.

Zur Absicherung gegen etwaige Aufstände der Socii (Bundesgenossen) wurden durch Rom zahlreiche Militärkolonien in Italien eingerichtet.

Die Verbindung zu ihnen erfolgte über entsprechende Heerstraßen, Via Appia von Rom nach Süditalien, Via Flaminia von Rom nach Ariminum.

Latinern und Bundesgenossen gegenüber war Rom konservativ und beweglich zugleich, z. B. sicherte die Offenheit für Neuaufnahme tüchtiger Bundesgenossen die biologische Überlegenheit der Führungsstadt.

Rom brachte durch allgemeine Vertragstreue Italien den inneren Frieden, Geschlossenheit und dominierte durch gesundes Volkstum wie militärische Stärke die Staaten des Mittelmeerraumes.

Die Wellenringe, d. h. die erste Ausbreitung Roms um sich herum, nach Norden, nach Osten, nach Süden und nach Westen sind zur Ruhe gekommen. Rom hat Festlanditalien unter seine Botmäßigkeit gebracht.

Nach dem Wellengleichnis möge man sich nun in einen Brustschwimmer hineinversetzen, der Italien von Nord nach Süd, das heißt von Kopf bis Fuß abdeckt, er liegt quasi schwimmend auf Italien.

Dieser Schwimmer gerät nun in Bewegung, macht Bewegungen mit dem Kopf nach Norden, leichte Bewegungen zunächst mit den Armen nach Osten und Westen, später sollen es weit ausholende und kräftigere werden. Die Füße schlagen nach Süden kräftig aus.

Aus dieser Vorstellung heraus ergibt sich nun die Eroberung von Land für Rom außerhalb von Festlanditalien.

Bekanntlich folgten drei Kriege in der Auseinandersetzung zwischen Rom und Karthago, welches letztendlich unterlag.
Eigentlich bestanden anfangs gutnachbarliche Beziehungen zwischen der etablierten Großmacht Karthago und der werdenden Großmacht Rom.
Karthago hatte Roms Herrschaft über einige Städte Latiums in einem Handelsvertrag anerkannt, eine weitere Anerkennung ließ für Rom freien Handel in Italien und Westsizilien zu.
Doch wie es so ist, der „Usurpator Rom" marschiert, marschiert, marschiert und trifft auf die Straße von Messina.

Der nächste Schritt ist vorprogrammiert.

Karthago, bisher weitgehend konziliant, hatte aufgrund seiner Vorrang-stellung Roms Erweiterung zunächst gewährt, großzügig.
Schließlich aber spitzte sich die Lage zu und Karthago war durch das Erscheinen Roms in Messina an dem Punkt, wo signalisiert werden musste, halt Rom, bis hierher und nicht weiter: „Du stehst an der Grenze meines Territoriums".
Ein Nachgeben bei einem weiteren Vormarsch Roms würde nur einen Aufschub bedeuten und als Schwäche ausgelegt werden.
Karthago war sich dessen bewusst.
Seltsamerweise muss wohl der Kampf erfolgen, der Usurpator will auf Biegen und Brechen nach vorn. Entweder klappt es, oder man wird in seine Schranken gewiesen.
Ja, warum hatte Rom eigentlich nicht Halt machen können, mahnende Stimmen hatte es im Senat gegeben.
Diese typisch menschliche Frage wird wohl unbeantwortet bleiben.
Man ist versucht zu sagen, es kann der „Frömmste" (Karthago) nicht in Frieden leben, wenn es dem „Bösen Nachbarn" (Rom) nicht gefällt.

An Beispielen mangelt es in der Geschichte wahrlich nicht.
Das an sich gute Verhältnis zwischen Karthago und Rom ist nun stark getrübt, ja vergiftet.
Noch ist der letzte Schritt nicht erfolgt.
Als Mamertiner, brotlos gewordene Söldner des Agathokles, einen Hilferuf an Rom senden, greift Rom ein, man setzt über nach Messina, der östlichsten Stadt Siziliens, das Territorium Karthagos ist verletzt.
Der Krieg ist da.

So trat denn die klassische Landmacht Rom gegen die klassische Seemacht Karthago an und besiegte jene in ihrem ureigenen Metier.
Karthago kann trotz seiner überlegenen Flotte das Übersetzen und Anlanden Roms auf das sizilianische Festland nicht verhindern.
Bei Mylae, westlich Messina, besiegt die römische Flotte 260 v. Chr. die Flotte der Karthager.
Ein weiterer Seesieg – bei Eknomos – der Römer ermöglicht ihnen ein Übersetzen nach Nordafrika, man schrieb das Jahr 256 v. Chr.

Rom war zu diesem Zeitpunkt jedoch noch zu schwach, um sich in Nordafrika nachhaltig festzusetzen.

Nochmals kommt es zum Kampf um Sizilien, Rom erzielt 241 v. Chr. einen erneuten Seesieg bei den ägatischen Inseln.

In der Folge kann Karthago Sizilien nicht mehr halten und verliert es an die Römer.

Nach hohen Verlusten auf beiden Seiten kommt es zum Friedensschluss, Karthago muss auf Sizilien verzichten und zusätzlich Kriegsentschädigung an Rom zahlen.

So wird Sizilien im Jahre 241 v. Chr. römische Provinz.

Damit hat der auf Italien liegende o. g. Schwimmer mittels eines kräftigen Beinschlages und Fußstoßes eine erste Eroberung getätigt.

Sizilien unter römischer Botmäßigkeit war zunächst bedauerlicherweise benachteiligt, die Bewohner waren rechtlos und unterlagen einer Ausbeutung.

Kurz darauf, die Gunst der Stunde nutzend, Karthago befindet sich in inneren Machtkämpfen, setzt Rom zu einem kurzen Armzug des linken Armes an, heimst Sardinien und Corsica, die karthagischen Besitzungen, ein. 238 v. Chr. werden jene zu römischen Provinzen umgewidmet.

Doch Fußbewegungen und Armzüge des italienischen Schwimmers bedürfen weiterhin der Steuerung durch den Kopf, den Norden Italiens abdeckend. Der Kopf ist ständig in Bewegung, überdies gefährdet.

Er muss die Gefahr erkennen, beurteilen und reagieren. Während des 1. Punischen Krieges ergriffen die Kelten im Norden Italiens das Gesetz des Handelns, meinend, die Gunst der Stunde nutzen zu müssen.

Sie sickerten zunächst in das Po-Gebiet ein und schickten sich an, nach Mittelitalien vorzudringen. Die Antwort Roms ließ nicht lange auf sich warten, Militärkolonien wurden postwendend an der Nordgrenze angelegt.

Es kommt zum Kampf, in welchem die Kelten 225 v. Chr. durch die Römer in Etrurien besiegt werden.

Seinerseits dringt nun Rom nach Norden vor, überscheitet den Po und nimmt Mailand ein.

Folgemaßnahmen sind die Einrichtungen von Militärkolonien und die Erweiterung der Via Flaminia bis ins Po-Gebiet.

Rom denkt auch staatlich ordnend, das soeben besetzte Gebiet im Norden wird neue Provinz unter dem Namen:

„Provincia Gallia Cisalpina"

Nahezu gleichzeitig kam es zu Handlungen auf illyrischem Gebiet.
Irgendwann musste unser Schwimmer nun auch seinen rechten Arm mittels eines zumindest kurzen Armzuges bewegen. Und so kam es denn auch.
Illyrische Seeräuber störten den Handel der Römer in der Adria, Rom entschloss sich zu handeln, es besetzte das Küstengebiet an der Adria.
Unter anderem kam es auch zum Kontakt mit den südlich der Illyrer beheimateten Makedonen.
Als von dort anlässlich eines Thronwechsels Unruhen nach Illyrien überzugreifen drohten, wird Rom tätig, es zeigt Flagge. Das bereits besetzte Gebiet Illyriens gliedert sich Rom nun als

„Provincia Dalmatia"

ein. Man schreibt das Jahr 228 v. Chr.

Somit hat sich der „Brustschwimmer" Rom einmal wie ein Land erobernder Schwimmer im Bruststil bewegt, mit dem Kopf zugeschnappt, mit den Armen durch Armzüge ergriffen und seine Füße fest auf fremdes Territorium gesetzt.
Diese Bewegungen brachten Rom also rundherum Gebietszuwachs ein. Die Entwicklung dieser 2. Phase (1. Phase Eroberung des italienischen Festlandes) zeigte der Mittelmeerwelt deutlich an, ihr müsst mit mir rechnen, ich will expandieren, die künftige Weltmacht kündigte sich unüberhörbar an.

Die sich fortsetzenden Schwimmbewegungen führten im 2. Jahrhundert vor Christus zu folgenden nachstehend aufgeführten Landzuwächsen:

197	Hispania Tarraconensis
197	Baetica
121	Gallia Narbonensis
148	Macedonia
148	Epirus
146	Achaia
146	Africa
129	Asia

Weitere Eroberungen des 1. Jahrhunderts konzentrierten sich zunächst auf Anrainergebiete des östlichen Mittelmeers.

101	Cilicia
74	Cyrenaica
64	Creta
63	Bithynia et Pontus
63	Syria
59	Illyricum
58	Cyprus
46	Numidia
30	Aegyptus
27	Lusitania
25	Galatia
15	Noricum

Damit waren Festlanditalien sowie das Gebiet um Italien herum, d. h. die jeweils gegenüber liegenden Küstengebiete mit Hinterland unter der Botmäßigkeit der Römer.

Rom war erfolgreich und im Grunde schon jetzt Weltmacht, es beherrschte das Mittelmeer und dessen Anrainerstaaten. Rom war nun an einem Punkt angelangt, an dem es geboten war, strategisch die Lage zu beurteilen und daraus entsprechende Schlüsse zu ziehen. Konnte und sollte man unvermindert weitere Eroberungen ins Auge fassen?

Hatte man das Potential an Menschen, Tieren und Gerät dafür?

Schließlich musste weiteres Land gesichert werden und beherrschbar sein.

Dieser Fehler wurde später unter Traian Wirklichkeit, die kurzfristig eroberten Provinzen Armenia, Assyria und Mesopotamia waren von Rom nicht zu halten. Rom hatte sich übernommen.

Noch ging es aber nicht darum. Vor weiteren Eroberungen war zunächst das angrenzende Land zu beurteilen, was man am nordwestlichen und nordostwärtigen Mittelmeer in Besitz genommen hatte. Es ging um die Frage, ob man diesbezüglich auch sicher genug war, oder ob man, wenn man auf halbem Weg stehenblieb, es potentiellen Angreifern leicht möglich machte, aufgrund relativ hindernisfreien Geländes nach Italien einzufallen.

So waren diese beiden Überlegungen, Beherrschbarkeit weiteren Raumes im Norden und Osten Italiens oder aber Untermauerung des Vorhandenseins sicherer Verteidigungslinien sorgfältig gegeneinander abzuwägen, ehe man sich seitens des römischen Oberkommandos zu weiteren diesbezüglichen Schritten durchzuringen vermochte.

Rom entschied, wir marschieren. Wir aktivieren ein letztes Mal unseren fleißigen italischen Schwimmer für zwei Armzüge.
Als erstes machte er einen gewaltigen Armzug mit dem linken Arm.
Für die im Nordwesten Italiens entstehenden neuen Gebiete auf gallischem Reichsgebiet bildeten die erfolgreichen Feldzüge Caesars (58-51 v. Chr.) die Grundlage. Dazu sollte der Rhein eine künftige Grenzlinie bilden, was auch geschah. So entstanden folgende neue Provinzen:

14 n. Chr.	Alpes maritimae
16 n. Chr.	Aquitaniae
16 n. Chr.	Lugdunensis
16 n. Chr.	Belgica

Der kurzfristig eingerichteten „Provincia Germania" war bekanntlich nur ein kurzes Dasein beschieden. Zur Absicherung der eingerichteten Provinzen erfolgte noch die Besetzung und Eroberung Britanniens.

43 n. Chr.	Britannia
85 n. Chr.	Germania Superior/Inferior

Im Nordosten Italiens war es die Donau, die es zu erobern und zu halten galt. Für diese Aktion, die folgende Ergebnisse zeitigte, machte unser Schwimmer noch einen kräfteverzehrenden Armzug mit dem rechten Arm.

9/10 n. Chr.	Pannonia Superior/Inferior
46 n. Chr.	Thracia
86 n. Chr.	Moesia Superior/Inferior
107 n. Chr.	Dacia

Zur Zeitenwende hatte sich das Vorhaben Roms, einerseits nach Nordwesten wie andererseits nach Nordosten über Norditalien hinaus zu expandieren wie folgt entwickelt: In einem Satz kann man sagen, dass Caesar speziell im Nordwesten die Grundlage legte, auf der Augustus selbst sowie Drusus und Tiberius aufbauten und einen gewissen Abschluss herbeiführten.

Caesar hatte das Hinterland der gallischen Südküste unter römische Botmäßigkeit gebracht.

Die Vereinnahmung Britanniens war zunächst zurückgestellt worden. Die Nordgrenze war bis zum nördlichen Alpenabhang vorgeschoben, dieser selbst jedoch noch nicht römisch beherrscht. Der Vormarsch ins Hinterland Macedoniens stand ebenfalls noch aus. Somit ergaben sich für Augustus, der inzwischen

- Spanien in seiner Gänze niedergerungen hatte
- Gallien, mit Lyon als Mittelpunkt, durch Verwaltungsaufbau, Straßenbau und Anlage von militärischen Einrichtungen zur römischen Provinz gemacht hatte,

weitere strategische Ziele, die es zu verwirklichen galt:

- Ausdehnung der römischen Herrschaft bis zum rechten Rheinufer
- Ausdehnung des Einflussbereiches bis zum oberen Donaugebiet, d. h. Nordrand der Alpen inklusive Raetien und Noricum
- Einmarsch und Romanisierung nach Illyricum ins Gebiet nördlich der makedonischen Halbinsel sowie in den Streifen mittlere und untere Donau

So schritt denn Augustus zur Tat, öffnete die Alpen und verpflanzte die blühende italienische Kultur jener Zeit nach Mitteleuropa, in den Okzident.

Der Vormarsch im Nordwesten erstreckte sich in Deutschland bis nach Westfalen, Niedersachsen, Thüringen, bis schließlich Arminius Einhalt gebieten sollte, immerhin wurde das Gebiet westlich des Rheins romanisiert, wie auch das Gebiet südlich der Donau, mit den beiden Metropolen Köln und Augsburg.

Auf der anderen Seite, im Nordosten Italiens, galt es, zunächst bis nach Pannonien vorzudringen. Das Donaugebiet wurde dann auch zu einem selbständigen Verwaltungsbezirk mit eigenem Statthalter.

Die zivilisatorische Leistung Roms hinterließ für den Okzident:

- Ein allgemeines Recht, Rechtsdenken
- Militärwesen
- Monarchische Verfassung inklusive Verwaltung
- Christliche Kirche und ihr Gedankengut
- Literaturerzeugnisse
- Römische Lebensart
- Verkehrs- und Finanzwesen

Aber war es nur das, was Rom motivierte, so zu handeln, und sich seinem Umfeld so zu präsentieren, wie es geschah?

Rom dachte natürlich auch an sich, sein Überleben, sein Aufrechterhalten der einmal erkämpften Position im Bereich der Staaten seiner Zeit. Rom war also noch von mehreren anderen Motiven getrieben, sein ständiges Expandieren sogar noch zu forcieren, wenigstens aber beständig auf gleichem Stand zu halten.

Einen Stillstand konnte und durfte es nicht geben.

Warum?

Rom stand mit anderen Worten unter einem fortdauernden Zwang, immer mehr Land, Leute und Ressourcen erobern zu müssen.

Da war zum einen der steigende Bedarf an Sklaven, die im römischen Reich überall händeringend gebraucht wurden und nicht mehr wegzudenken waren.

Die gesamte Arbeitswelt in Landwirtschaft, Straßenbau, Bergbau, Bauwesen, Waffenindustrie und persönlichen Dienstleistungen florierte im alten Rom nur kraft und dank der Sklavenheere.

Den Sklaven selbst war kein einfaches Leben beschieden. Auf Sklavenmärkten, wie in Chios, wurden sie als Ware gehandelt, wie Tiere behandelt.

Rechte hatten sie nicht, nur ganz wenige hatten das große Glück, freigelassen zu werden und zu Vermögen zu kommen.

Gelegentlich nahmen sie ihr Schicksal selbst in die Hand, um sich aus ihrer Lage zu befreien, Aufstände gab es in Kampanien und Sizilien.

Die Verwendung der besonders billig arbeitenden Sklaven zog die Entstehung einer neuen Bevölkerungsschicht nach sich, des Proletariats.

Zu ihm zählten verarmte Bauern und Handwerker, die keine Arbeit mehr fanden, weil sie im Gegensatz zu den Sklaven zu teuer geworden waren.

Somit hatte Rom ein weiteres, schwieriges Problem. Vorübergehend wurde es nach der Devise „panem et circenses" beruhigt.

Ein weiterer Grund, dem fortdauernden Zwang zu ständig neuen Eroberungen nachzukommen, lag in dem stetig steigenden Bedarf an Gold und Silber, nötig für Finanzierung sämtlicher staatlicher Vorhaben, für das tägliche Leben als solches und für den sich ständig steigernden Luxus, den sich besonders Roms Damenwelt zu leisten erlaubte.

Entsprechende Minen in Spanien und Illyrien kamen gut zu Pass, auch war das der Grund für das lange Festhalten an der schwierig zu verwaltenden und militärisch zu sichernden Provinz Dacien.

Rom konzentrierte sich nun voll und ganz auf Illyrien. Neben weiterem Gebietszuwachs und zusätzlichen Sklaven erhoffte man sich aus der neuen Quelle Illyrien ein hohes Potential von verschiedenartigen Ressourcen.

Wie sich herausstellte, war Illyrien reich an Gold, Silber, Eisen und Holz.

Auch Vieh, Pferde, Getreide, Wolle, Käse und Wein konnte es zuhauf bieten.

Das ließ sich Rom nicht entgehen, Rom setzte an. Es sollte ein langer Prozess werden.

Dass der Griff nach Illyrien, wie sich später herausstellte, einmal mit für den Untergang Roms verantwortlich werden sollte, war zu diesem Zeitpunkt weder erkennbar noch absehbar.

## 2.	Roms Griff nach Illyrien, Dacien und Thracien

### 2.1	Zeit der Dynastien (Julisch-Claudisches Haus)
Erste Schritte in Illyrien – Ausgangspunkt Aquileia

Um eine konsequente und weitreichende aber auch abgesicherte Ausbreitung im illyrischen Raum bis an die Donau und das Schwarze Meer zu erreichen, war es für Rom von Bedeutung, einen Stützpunkt im Nordosten zu haben wie außerdem auch im Besitz des dalmatinischen Küstenstreifens quasi als Basis zu sein.

Bereits unter Caesar war es Plan – nach Eroberung Galliens bis zum Rhein – die Donau als notwendige Ergänzung zu erreichen. 45 v. Chr. setzte Caesar Truppenteile nach Illyricum in Marsch.

Caesar selbst plante, mit weiteren Kräften die dortigen Verhältnisse nach römischen Vorstellungen zu regeln. Bekanntlich kam es dazu nicht mehr, da Caesar 44 v. Chr. ermordet wurde.

Theodor Mommsen schreibt dazu, wie folgt zitiert:

„In den 150 Jahren, die seit der Gründung Aquileias verflossen waren, hatte wohl der römische Kaufmann von dort aus sich des Verkehrs mehr und mehr bemächtigt, aber der Staat unmittelbar nur geringe Fortschritte gemacht.

An den Haupthäfen der dalmatinischen Küste ebenso auf der von Aquilea in das Savetal führenden Straße bei Nauportus (Ober-Laibach) hatten sich ansehnliche Niederlassungen gebildet; Dalmatien, Bosnien, Istrien und die Krim galten als römisches Gebiet und wenigstens das Küstenland war in der Tat botmäßig; aber die rechtliche Städtegründung stand noch ebenso aus wie die Bändigung des unwirtlichen Binnenlandes.“

Dreh- und Angelpunkt für wirtschaftliche Ausbreitung in nordostwärtige Richtung seitens Roms war als bedeutende Hafenstadt und Handelszentrum der Kaiserzeit Aquileia an der Nordspitze des Mare Adriaticum.

Diese Stadt galt als Ausgangspunkt für die Bernsteinstraße, die über Carnuntum bzw. Lauriacum a. d. Donau zu späterer Zeit durch das ostwärtige Germania Magna führte und in Truso an der Ostsee endete.

Doch die Nahziele im römischen Beritt waren zunächst Lauriacum, Carnuntum, Aquincum, Siscia und Salonae.

Im gleichen Maß wie für die Wirtschaft war Aquileia für die oberste Heeresleitung anlässlich der Eroberungspläne hinsichtlich Illyricum und Macedonia von großer Bedeutung.

Aquileia war Stützpunkt für Militärkräfte, vorgeschobener Meldekopf, Versorgungspunkt und letztendliche Ausgangs- respektive Endpunkt für marschierende Legionen an die Front bzw. zurück in heimatliche Standorte.

Von Aquileia marschierten die römischen Legionen nach Lauriacum und Vindobona in der Provinz Noricum, sie passierten Emona und Poetovio, Virnum, Teurnia und Juvavum, um schließlich Lauriacum zu erreichen; u. U. auch noch Vindobona,, welches aber auch über Carnuntum erreichbar war.

Von Aquileia stießen die Legionen über Emona, dem Lager am Savus, weiter nach Poetovio, dem Lager am Dravus, über Savaria nach Carnuntum bzw. kurz vorher in nordostwärtige Richtung abdrehend, nach Aquincum nebst Brigetio vor.

Von Aquilea wurden Einsatzkräfte in Standorte an der mittleren Donau in Marsch gesetzt, ihre Marschzeile waren Mursa, Sirmium, Singidunum und Viminacium, welches auch von Süden und Osten her erreicht werden konnte, Ziele, die sie über den großen Standort Siscia entlang des Savus erreichten.

Zuguterletzt marschierten Legionen durch Aquileia, um in Standorte an der Küstenstraße Dalmatiens wie Burnum, Salonae, Narona und Lissus zu gelangen – wenn sie nicht per Schiff dorthin gebracht wurden.

Für Rom musste es zunächst darauf ankommen – im Rahmen der Durchführung der Eroberungspläne – das Dreieck Emona, Poetovio, Siscia sowie die Küstenstraße Dalmatiens unter absolute Botmäßigkeit zu bekommen.

Die weiteren Überlegungen zielten darauf ab, vorhandene bzw. anzulegende Straßen ins Landesinnere Pannoniens, Dalmatiens und Moesiens für künftige Heeresbewegungen ausfindig und dienstbar zu machen bzw. anzulegen und mittels eigener Kräfte zu besetzen.

Als letztes war die Donautalstraße in Besitz zu nehmen, auszubauen und durch militärische Anlagen zu sichern.

Alle Vorhaben bedurften von Anfang an ständiger Aufklärung und Überwachung.

2.1.1. Erste Schritte nach Illyrien – einsetzende Eroberung unter Caesar und Augustus

Bereits vor der Regierungszeit des Augustus hatte es deutliche Versuche der Ausdehnung des römischen Herrschaftsbereichs nach Illyrien gegeben. Caesar sicherte die Küstenstraße, auf der der Senator Belbius entlangmarschierend in Kämpfe geriet und hohe Verluste zu verzeichnen hatte.

Unterstützung kam von Agrippa, ausgerechnet einem Illyrer, allerdings einem Römerfreund, der den neuen Staat im Sinne der Römer favorisierte. Ihm schwebte vor, dass Illyrien an dem neuen sich herauskristallisierenden Wirtschaftsraum partizipieren sollte, Wohlergehen und Prosperität eingeschlossen.

Während Augustus Legionen in Richtung Triest in Marsch setzte, segelten unter Agrippa Flottenteile, mit Legionären bestückt, im Jahre 35 v. Chr. in den Hafen von Salonae.

Die sich in aufkommenden Kämpfen gegen die Römer erbittert wehrenden Japoden waren die ersten Feinde in der Region.Als Erfolg verbuchten die Römer die Eroberung der Stadt Metulum mit dem kriegsüblichen grauenvollen Ergebnis, Tote und Trümmer.

Nach Einnahme einer weiteren Stadt, Siscia, erfolgte der Rückmarsch nach Triest, eine Befriedung des Gebiets als solches hatte nicht erreicht werden können.

34 v. Chr. wurde der Feldzug fortgesetzt, die Kämpfe konzentrierten sich auf die Küstenstraße und das dalmatische Hinterland, wo auch noch im Jahre 33 v. Chr. dalmatische Städte zerstört wurden.

Anschließend begann Roms eigentliche Tätigkeit. Die erste wichtige Maßnahme bestand immer im obligatorischen Straßenbau in das neue Gebiet hinein, Straßen als Lebensadern für die notwendigen Truppenverschiebungen und den Export römischer Waren wie auch den Import von Gütern der besetzten Region.

Die zunächst Unterworfenen hat Rom nie zertreten, zeigten sie sich aufgeschlossen, gefügig und entgegenkommend.Natürlich trat das als Idealfall nicht jeweils ein, waren die Römer ja nicht gerade als liebe Nachbarn gekommen; ein besseres Verhältnis brauchte Geduld, Zeit und Verständnis.

Konnte man sich arrangieren, übernahmen die Unterlegenen die römische Art, war es für jene auf Sicht nicht von Nachteil.

Erkannte Rom dies, reagierte es entsprechend. Konnten die Unterlegenen hingegen verlorene Freiheit, Verlust von Menschen und Gütern nicht verwinden, zog Rom die Zügel straff.

Nach Aufbereitung und Neuanlage von Straßen nach und durch Illyrien wurden an taktisch wichtigen Standorten auch feste Plätze im Lande geschaffen.

Die Römer zeigten, dass sie gewillt waren, die Herrschaft durchzusetzen, zu festigen, sie belegten die festen Plätze mit ausreichender Besatzung.

Da neu hinzueroberte Gebiet an der Donau, in welche Savus und Dravus mündeten, wurde mit dem Namen „Pannonien" bezeichnet.

Unruhen und Aufstände blieben nicht aus. Fehlverhalten einiger neuer Machthaber, wie Ausbeutung für persönlichen Vorteil und provozierende Demütigungen verzögerten den im Grunde wohlwollend angedachten Romanisierungsprozess und brachten Besiegte gegen Sieger unweigerlich auf. Die Wut wuchs und man wollte das römische Joch unbedingt abschütteln.

Inzwischen hatte Emona städtisches Recht erhalten, bewehrt war es mittels Stadtmauern, Siscia war zum festen Stützpunkt auserkoren, die Küstenstraße war unter römischer Botmäßigkeit.

Makedonien war römische Provinz.

Die römische Herrschaft reichte bis zum Balkan (Haemus),das Gebiet zwischen Balkan und Donau war noch nicht römisch beherrscht.

Die Herrschaft Makedoniens reichte zum Rhodopengebirge, jenseitiges Gebiet war das der Thraker.

Zwischen Balkan und Donau siedelten Bastarner, die Makedonern Soldaten stellten.

An der unteren Donau wurde es erforderlich, gegen die Bastarner und Moesier, die das Gebiet zwischen Balkan und südlichen Donauufer ausfüllten, anzutreten.

29 v. Chr. trat Rom an, die Bastarner zogen sich zurück, sie wurden weiter verfolgt und am Einfluss des Cibrus in die Donau vernichtend geschlagen.

Weitere Gefechte des Jahres 28 v. Chr. verliefen zugunsten der Römer, Rom beherrschte fortan das Gebiet zwischen Haemus und Donau.

Aus welchen Gründen auch immer, erfolgte eine Absicherung des neuen Gebiets, im Übrigen waren auch die Thraker inzwischen botmäßig, durch Einrichtung von Legionslagern zu diesem Zeitpunkt noch nicht.

Bekanntlich wurde Illyrien im Rahmen der Reorganisation des römischen Reiches unter Augustus um Jahre 26 v. Chr. als selbständiger Verwaltungsbezirk ausgewiesen.

Zum illyrischen Bereich gehörte in Pannonien Besitz bis zur Save, Dalmatien mit dazugehörigem Hinterland bis zur Drina (Slawonien und Bosnien Herzegowina), einem Nebenfluss der Save von Süden kommend, Grenzfluss zu Serbien.

Das Gebiet zwischen Haemus und Donau, im Klientelverhältnis zu Rom, hing von Illyrien ab.

Legionen standen von jetzt im eigentlichen Illyrien, in anderen Gebieten gab es lediglich Kräfte in Kohortenstärke.

In Illyricum wurden Legionskräfte an der Kerka und an der Cetina zum Schutz gegen die Dalmater stationiert.

An der Kerka, im Kerkatal, war in Burnum als eine Legion die IIII Flavia eingesetzt.

In Delminium / Cetina war als eine zweite Legion die XI Claudia stationiert. Beide wurden Ende der sechziger Jahre, vermutlich auf Weisung Vespasians von hier abgezogen und verlegt. Die IIII Flavia, vermutlich zunächst in Singidunum wird für 106-107 n. Chr. in Dakien bezeugt, bis 110 n. Chr. durch Maximus Maulianus nach Pannonien zurückverlegt.

Die XI Claudia wird 68 n. Chr. an der unteren Donau bezeugt, wahrscheinlich Singidunum, später Durostorum.

In Pannonien stand die Masse der Legionskräfte im Grenzgebiet an der Save. 16 v. Chr. machten sich Pannonier und Noriker auf nach Süden in das Gebiet bis nach Istrien hinein, sie plünderten.

Ein Feldzug entlang der Save und durch den anliegenden Bereich des Haemus hatte im Jahre 14 v. Chr. unter Marcus Vinicius begonnen, war unter Agrippa gegen die aufständischen Illyrer fortgesetzt worden und fand unter Tiberius ein siegreiches Ende, dergestalt, dass das Gebiet bis zur Donau in römischen Einflussbereich geriet, wenn nicht sogar schon unter römische Herrschaft.

2.1.2 Feldzüge des Tiberius 12-10 v. Chr.

Ein weiterer Merkpunkt der fortschreitenden Eroberung Illyriens (Pannonien und Dalmatien) ist das Ergebnis, das sich aus den Feldzügen des Tiberius in den Jahren 12-10 v. Chr. ergab.

So geräuschlos und so ohne viel Aufsehen und Verluste für seine eigenen Kräfte, wie er später in Germania Magna erfolgreich sein sollte, so gelang ihm dies auch in Illyrien.

Rom stellte fest und gab bekannt, dass die Reichsgrenze im Nordosten des Reiches fortan die Donau sei, ohne sich dabei auf Einzelheiten festzulegen.

Das Land bis zur Donau hin war zwar durchzogen, bekannter geworden, als zum Reichsgebiet gehörig bezeichnet – aber durchgehend besetzt eben noch nicht, Widerstand kam weiterhin von den Dalmatern.

Nach Festigung der römischen Position im Rahmen der Eroberung Illyriens, speziell im Gebiet Küstenstraße sowie im Hinterland, begrenzt im Norden durch den Fluss Save und im Osten durch den Fluss Drinus, wurde anschließend der nächste Schritt getan.

Zu besetzen war zunächst das Gebiet nördlich der Save, das durch die Drau im Norden begrenzt wurde. Und so geschah es auch, Tiberius unterwarf die Völker zwischen Save und Drau. Unter Verbleib von geringen Kräften in Siscia wurde die Masse der dort abgezogenen Kräfte nach Poetovio verlegt und damit ein weiterer nördlicher Abschnitt unter römische Kontrolle gestellt.

Das anschließende nördliche Gebiet zwischen Drau und Donau wurde in diesem Bereich noch nicht mit römischen Legionskräften belegt; anders im westlichen Abschnitt, im Bereich Noricum, dieser erhielt Truppen in Carnuntum.

Während Tiberius das Gebiet Pannoniens für Rom durchzog und der Unterwerfung zuführte, war man auch in Moesien nicht untätig geblieben. Gegen die dortigen Thraker wurde Lucius Piso in Marsch gesetzt. Die Völkerschaften leisteten anfangs Widerstand, kraft eines dort 16 v. Chr. eingesetzten römischen Heeres kam es zu einer Befriedung.

Piso siegte mit der Folge, dass am südlichen Donauufer ein römisches Kommando eingerichtet wurde, wodurch Roms Herrschaft an der unteren Donau gesichert wurde.

2.1.3   Pannonischer Aufstand

Zwischen 6-9 n. Chr. brodelte es nach und nach in ganz Illyrien, der Aufstand gegen das römische Regime war ausgebrochen, binnen kurzer Zeit entwickelte es sich zu einem gewaltigen Flächenbrand. Illyrien drohte verloren zu gehen.

Das Rumoren begann bei den Verstärkungskräften für die Donauarmee unter Führung eines gewissen Bato. Es folgten Pannonier, angeführt durch die Breuker Pinnes und Bato.

Insgesamt hatten die Rebellen 9000 Reiter und 200000 Fußsoldaten gegen die römischen Zwingherrn aufgeboten. Gediente römische Soldaten waren es, alles Römischen mächtig, wie Sprache und Kriegsführung.

Eine Ursache des pannonischen Aufstands lag in dem Unmut der Rekruten der dalmatinischen Stämme, die gegen eine Teilnahme an der Invasion nach Markomannien waren. Pannonier schlossen sich an. Und so schlugen sie los. Das erste Heer der Illyrer erobert die fest in der Hand der Römer befindlichen Küstenstraße von Salona bis Apollonia. Das zweite Heer richtete seine Vorstöße in westliche Richtung auf Triest und Aquileia, dabei wurden die Japoden befreit. Das dritte Heer zielte auf Legionskräfte in Pannonien ab, die Garnison in Sirmium wurde angegriffen.

Die Rebellen verbuchten als Erfolge:

- Zerstörte Straßen und Kastelle
- Nach Südwesten fliehende Legionen
- Raumgewinn bis an die Tore Italiens

Die Not war groß, Rom in starker Bedrängnis, doch Tiberius meisterte diese prekäre Lage. Im Ergebnis blieb Italien selbst verschont, aber Makedonien und die Küstenstraße unterlagen häufigen Plünderungen.

Tiberius hatte mit dem illyrischen Heer, zusätzlichen Kräften aus Moesien, Syrien und Italien genügend Truppen zur Niederschlagung des Aufstands. In drei Jahren wurde der Aufstand durch den Einsatz von zunächst zehn, später fünfzehn Legionen niedergeschlagen.

Nach eiliger Heranführung von loyalen Kräften wurden römische Städte mit Besatzung versehen, sonstige bedrohte Punkte geschützt.

Die bereits angetretenen Legionen des Tiberius, die sich auf dem Weg zu Marbod in dessen markomannischen Reich befanden, wurden flugs zurückbeordert und standen der Führung uneingeschränkt zur Verfügung.

Der Aufstand als solcher erwies sich nach außen als Glücksfall für Marbod, blieb er doch dadurch letztendlich ungeschoren. Es kam zwischen den Römern und ihm quasi zu einem Waffenstillstand. Ob allerdings Marbod mit den Aufständischen in Verbindung stand, will sagen, ob er alles in Szene gesetzt hat, duldete oder gar nichts damit zu tun hatte, bleibt offen.

Ich denke, eher nein, denn sonst hätte er irgendwie seine Truppe gegen Tiberius angetretene Kräfte eingesetzt und ihm so einen Zweifrontenkrieg aufgezwungen.

Seine 4000 Reiter und 70000 Fußsoldaten wären für die Aufständischen sicherlich eine ungeahnte und willkommene Unterstützung gewesen.

Sicherlich hätten sie den Ausgang des Aufstands stark beeinflusst. Bekanntlich kam es nicht zum Einsatz dieser Kräfte.

Vielleicht wären die Aufständischen besser beraten gewesen, den taktischen Zeitpunkt des Losschlagens hinauszuzögern bis zu dem Moment, an dem Tiberius mit Marbod in Auseinandersetzungen unmittelbar verwickelt war.

Doch es kam wie geschildert anders.

Bekanntlich standen Tiberius für die Niederschlagung des Pannonischen Aufstands im ersten Kriegsjahr zehn Legionen zur Verfügung.

Die Rheinlegionen dürften zunächst durch Abstellung von Kräften nicht betroffen gewesen sein.

Tiberius musste auf die Donaulegionen zurückgreifen. Des Weiteren konnte er aufbieten: dalmatische, syrische sowie eine italische Legion.

Die nachstehende Aufstellung soll eine Übersicht dieser Legionen und ihrer Standorte geben. (Wegen des zu dieser Zeit noch häufigen Standortwechsels der Legionen ist die Aufstellung nicht gesichert):

1. Donaulegionen (4)

Legion	Standort
X Gemina	Carnuntum
XIII Gemina	Brigetio
VII Claudia	Viminacium (Oescus)
III Gallica	Ratiaria (Novae)

2. Dalmatische Legionen (2)
   IV Flavia   Burnum
   XI Claudia   Delminium

3. Syrische Legionen (3)
   IV Scythia   Antiochia
   VI Ferata   Antiochia
   XII Fulminata   Antiochia

4. Italische Legion (1)
   I Italica   Roma

Zwar gelang es Tiberius im ersten Kriegsjahr, Städte wie Sirmium und Siscia zu schützen, doch die Aufständischen standen ihren Mann, sie boten dem überlegenen Heer der Römer Paroli.

Es traten gegeneinander an der Dalmatiner Bato gegen Marcus Valerius Messalla, der Pannonier Bato gegen den Statthalter von Moesien, Aulus Caecina.

Im zweiten Kriegsjahr, das den Römern noch keinen durchgreifenden Erfolg bescherte, stand Tiberius Neffe Germanicus diesem zur Seite.

Im dritten Kriegsjahr endlich wendete sich das Blatt zugunsten der Römer, wie so häufig, durch Verrat.

Der pannonische Bato zeigte sich römerfreundlich, überredete seine Truppen, vom Aufstand Abstand zu nehmen.

Pinnes, seinen ehemaligen Mitstreiter, lieferte Bato den Römern aus. Zum Dank machten diese ihn zum Fürsten der Breuker, was die Dalmater wenig erfreute.

Als Bato dem dalmatischen Bato in die Hände geriet, war es um ihn geschehen. Hinrichtung.

Allmählich wurde der Widerstand der Aufständischen geringer, die Dalmater zurückgedrängt. Bato ergab sich, am 3. August des Jahres 9 n. Chr. war der Aufstand niedergeschlagen.

Die immer berechnenden Römer ließen umgehend die Folgemaßnahmen anlaufen, Wiederaufbau, Hofierung des illyrischen Adels, Umstrukturierung und allmähliche Romanisierung – unter Belassung der Kultur und der Sprache. Fazit: Illyrien wird Teil des Kaiserreichs.

Auch mit den Dakern galt es, zunächst „ein Hühnchen zu rupfen", quasi als Antwort für die Überschreitung der Donau auf römisches Territorium.

Unter Gnaeus Lentulus und Marcus Vinicius überquerte ein römisches Heer die Donau, fiel in Dakien ein, rückte vor bis Marisus und schlug die Daker. Die Daker gerieten unter römische Herrschaft.

Die Römer taten ein weiteres, sie deportierten aus dem Gebiet der Daker 50000 Goten über die Donau nach Süden ins Gebiet der Thraker, wo jene dann integriert wurden.

2.1.4   Aufruhr der Donaulegionen

Wie an der Rheinfront kam es im Jahre 14 n. Chr. anlässlich des Todes des Kaisers Augustus auch an der Donaufront Roms unter den im Sommerlager befindlichen Legionen aus dem Landesinneren zum Aufruhr (Eine Örtlichkeit nennt der berichtende Historiker Tacitus nicht). Es erscheint möglich, dass das Sommerlager in der Nähe des Donaustandorts Carnuntum stattfand, um in eventuellen Notfällen sich dort anlehnen zu können (z. B. medizinische Versorgung).

Beteiligte Legionen am Aufruhr waren die pannonischen Legionen aus dem Landesinneren:

> Legio VIII Augusta aus Poetovio
> Legio IX Hispania aus Siscia
> Legio XV Apollinaris aus Emona

Die IX Hispania war vermutlich frisch zugeführt worden und zwar als Ersatz für die XX Valeria Victrix, die im Anschluss an die Varus-Niederlage an die Rheinfront verlegt worden war.

Junius Blaesus, der als Lagerkommandant den Truppen des Sommerlagers vorstand, hatte auf die Todesmeldung entsprechend reagiert und die normale Dienstverrichtung einstellen lassen.

Tacitus schildert ausführlich die im Rahmen des Aufruhrs durch einen gewissen Percennius vorgetragenen Beschwerden über den harten Dienst in der Legion in Verbindung mit der Forderung um Abstellung der unmenschlichen Bedingungen.

Tacitus schreibt: „Zuletzt, als sie schon bereit und andere Helfer bei der Meuterei waren, fragte er wie von der Rednerbühne herab:

- warum sie wenigen Centurionen, noch wenigeren Tribunen nach Sklavenweise gehorchten
- wann sie wagen würden, Abstellung zu fordern, wenn sie nicht den neuen und noch wankenden Fürsten mit Bitten oder Waffen angingen
- genug sei so viele Jahre durch Feigheit versehen, dass sie dreißig bis vierzig Feldzüge als Greise und die meisten mit einem durch Wunden verstümmelten Körper ertrügen
- nicht einmal für die Entlassenen sei der Dienst zu Ende, sondern als Vexillarien dienend hätten sie unter anderer Benennung dieselben Arbeiten zu tragen
- und wenn ja einer so viel Unfälle überlebt habe, der werde noch in entlegene Länder geschleppt, wo er unter dem Namen von Äckern moorige Sümpfe oder unbebaute Berggegenden erhalte
- und fürwahr, der Dienst selbst sei schwer und gewinnlos genug; auf 10 Asse des Tages schlage man Leib und Leben an; davon müsse man Kleidung, Waffen, Zelte, davon die Grausamkeit der Centurionen und die Freiheit von Dienstarbeiten erkaufen
- aber beim Herkules, Geißelhiebe und Wunden, harte Winter, strapazenvolle Sommer, grauenvoller Krieg oder fruchtloser Friede dauern ewig fort
- es gebe anders keine Abhilfe, als wenn unter bestimmten Bedingungen der Dienst angetreten werde, dass der Mann einen Denar Sold erhalte, das sechzehnte Jahr des Dienstes Ende herbeiführe, dass sie dann nicht weiter unter den Fahnen gehalten, sondern ihnen in demselben Lager der Lohn in Gelde ausgezahlt werde
- ob denn die praetorischen Kohorten, die 2 Denare erhielten, die nach sechzehn Jahren ihren Penaten zurückgegeben würden, mehr Gefahr auf sich nähmen
- zwar sollen die Wachen der Stadt nicht von ihm verunglimpft werden; sie aber müssten doch unter wilden Völkern aus ihren Gezelten dem Feinde ins Antlitz schauen.“

Durch diese flammende und aufwühlende Rede war die Masse der Legionäre innerlich aufgeheizt worden und nur schwerlich zu besänftigen. Blaesus trat vor, redete beschwichtigend auf sie ein und es gelang ihm tatsächlich, sie etwas zu beruhigen. Er sagte: „Tauchet lieber in mein Blut eure Hände; mit geringerem Frevel werdet ihr den Legaten töten, als ihr vom Imperator abfallt. Entweder will ich unverletzt die Legionen in ihrer Treue erhalten oder ermordet ihre Reue beschleunigen."

Blaesus gelang es, sie weiterhin zu beruhigen. Mit dem Zugeständnis, sein Sohn solle zu gegebener Zeit an entsprechender Stelle ihre hauptsächliche Forderung vortragen, nämlich Entlassung nach sechzehn Dienstjahren, ging er auf sie ein, kam ihnen entgegen.

So beruhigte sich die Lage.

Zur gleichen Zeit begab sich bei den aus dem Sommerlager nach Nauportus abgestellten Manipeln, die wegen Wege- und Brückenbauarbeiten dort erforderlich geworden waren, folgendes, als sie von dem Aufstand Kenntnis erhielten.

Sie rissen ihre Fahnen aus und plünderten in Nauportus und Umgebung, die Weisungen der Centurionen missachteten sie in verächtlicher Weise. Die, von denen sie glaubten, schikaniert worden zu sein, in Wirklichkeit waren sie nur härter angefasst, gegen die gingen sie nun ihrerseits vor, besonders gegen den Lagerpraefekten Aufidenius Rufus, einem Aufsteiger, dem sie ankreideten, den harten Dienst wieder einführen zu wollen.

Er musste vom Wagen steigen, wurde belastet und vor dem Zug hergetrieben.

Als die Manipeln von Nauportus im Sommerlager der Legionen eintrafen, erhob sich der Aufruhr erneut und Blaesus musste wiederum eingreifen, was ihm zurzeit noch gelang.

Blaesius lässt mit Beute beladene Legionäre geißeln und einkerkern, doch bald wurde diese befreit von der zahlreicher werdenden Menge der Aufständischen.

Zusätzlich aufgepeitscht werden sie durch den Rädelsführer Vibulenus, der die Menge dadurch aufpeitscht, dass er Blaesus unterstellt, dieser hätte seinen Bruder ermorden lassen. Theatralisch warf er sich in der Menge nieder, dadurch ihr Mitleid erheischend. Blaesus Kräfte, die Fechter und Sklaven, wurden gefesselt und verhört.

Schnell stellte sich heraus, dass Vibulenus nie einen Bruder gehabt habe. Tribunen und Lagerpraefekt wurden hinausgestoßen, Centurio Lucilius, bekannt durch seinen ständigen Spruch „einen andern her" (nachdem er jeweils einen Rebenstock auf einem Soldatenrücken zerbrochen hatte) fiel dem Rachedurst der Menge zum Opfer.

Ein Clemens Julius wurde zurückbehalten, er sollte Aufträge der Soldaten überbringen. Sirpicus, ein weiterer, löste Auseinandersetzzungen der Legionen untereinander aus, 8. und 15. traten gegeneinander an, diese jenen fordernd, jene ihn schützend.

Auch die 9. Legion griff ein.

Tiberius entsandte seinen Sohn Drusus, zwei praetorische Kohorten und weitere Kräfte zur Unterstützung des Blaesus.

Nachdem Drusus die Botschaft des Tiberius den Soldaten übermittelt hatte, stellte die Versammlung erneut die Forderungen und sie sind weiterhin ungnädig, weil Drusus noch nichts gewährt.

Wütend und die Fäuste ballend, den Zwist provozierend, gehen sie schließlich.

Die große Verbitterung hegen sie gegen Cn. Lentulus, der schließlich durch Drusus Kräfte geschützt wird. Caesar, Drusus und Clemens mischten sich schließlich unter die Soldaten, man diskutierte das Für und Wider der Forderungen und des Geschehens.

Langsam wird gewährt, was für die Gesamtheit gefordert wird; Privatvergünstigung kann man auf der Stelle verdienen. Die Feldzeichen werden an ihre Plätze zurückgetragen.

Drusus spricht erneut zur Versammlung, tadelt das Frühere, lobt das Gegenwärtige.

Rasch entschied sich Drusus für Strengeres – Percennius und Vibulenus werden als Hauptträdelsführer hingerichtet.

Unruhestifter werden durch die praetorischen Kohorten niedergehauen, andere Meuterer von Manipeln ausgeliefert.

Das entweihte Lager wurde verlassen, man kehrte zurück, Drusus zur Stadt, die Legionen in ihre Winterlager.

Damit hatte der Aufruhr der drei Legionen vorerst sein Ende gefunden. Zwar war man in Teilen auf ihr Begehren eingegangen, die Angelegenheit als solche war jedoch für Rädelsführer und weitere Aufmüpfige nicht folgenlos, wie berichtet.

Dass der Aufruhr der Obersten Heeresleitung im Magen lag und Kopfzerbrechen bereitete, ist verständlich. Als Folgemaßnahme, zusätzlich zu den durch Drusus vor Ort unmittelbar veranlassten, entschloss man sich, die Legionen vom „Tatort", sprich den nahen Heimatstandorten zu entfernen und – voneinander getrennt – mit anderen Aufgaben zu betrauen. Die betroffenen Legionen fanden sich in folgenden Standorten wieder:

XIII Augusta	vermutlich Singidunum/Viminacium
IX Hispania	Africa, Tbessa in Numidia für das Jahr 23 n. Chr.,
	24 n. Chr. Rückkehr nach Pannonien
XV Apollinaris	15 n. Chr. Carnuntum
	23 n. Chr. Jerusalem, Judaea

2.1.5   Verkehrswegesystem Illyriens

Die von Augustus propagierte Maxime, das römische Reich nach Nordosten und Osten bis zur Donau und zum Schwarzen Meer auszudehnen und unter römische Botmäßigkeit zu bringen, erforderte Eroberung, Besetzung, Durchdringung und Romanisierung.

Dazu musste man, wie auch anderenorts, sprich Germania Magna, geplant, das Straßennetz in dem betreffenden Gebiet, das vorgefunden wurde, in die strategischen Planungen einbeziehen.

Sicher wird es nicht weitverzweigt gewesen sein, dem bisherigen Bedarf wird es jedoch entsprochen haben. Rom benötigte für sein Vorhaben weit mehr. Es war gezwungen, ein Straßennetz entsprechend den Eroberungsplänen zu errichten.

Via Appia (Quelle: Das römische Imperium)

Dieses Straßennetz musste in der Lage sein, selbstverständlich auch den neuesten Straßenbauerkenntnissen gemäß zuallererst die Legionsbewegungen zu ermöglichen.

Es sollte aber auch den Handel mit Gütern von Rom in die neuen Gebiete und von dort nach Rom sicherstellen.

Im gleichen Atemzug musste man zu den Menschen gelangen können, d. h. zu den Städten, Siedlungen, wollte man der künftigen römischen Bürger habhaft werden, ihnen näher kommen, sie mit dem römischen Knowhow beglücken, missionieren, romanisieren. Auch deren Produkte, Sklaven mussten nach Rom gelangen können. Große Planung war angesagt, was war zu tun?

Das Gebiet, das es zu erschließen galt, wurde im Norden durch die Donau, im Osten durch das Schwarze Meer, im Süden durch die Via Egnatia und im Westen durch die Küstenstraße von Süd nach Nord an der Ostküste des Adriatischen Meeres verlaufend eingegrenzt.

Selbst wenn Ansätze eines Straßennetzes schon vorhanden waren und man in Teilen auf Vorhandenes aufbauen konnte, lag doch eine gewaltige Aufgabe vor Roms Regierung, der Obersten Heeresleitung, Wirtschaftsplanern und weiteren involvierten Behörden. Es war auch keine Aufgabe, die kurzfristig gemäß in fünf – oder zehn Jahren erledigt werden konnte.

Was unter Augustus begonnen wurde, Vorarbeiten waren unter Caesar gelaufen, wurde unter Tiberius fortgesetzt.

Abschnittsweise kam man voran, es dauerte Jahrzehnte, wenn nicht gar ein Jahrhundert, so dass man erst unter Trajan/Hadrian zu einem gewissen Abschluss gelangt war.

Nun darf man dabei ja nicht die stets aufflackernden Rückschläge wie pannonischer Aufstand, Meuterei nach Augustus Ableben sowie Einfälle der Daker und Markomannen außer Acht lassen, die Entwicklungsphasen aufhielten oder zurückwarfen.

Das waren „nur" die örtlichen Einflüsse, neben ihnen waren überörtliche, die nicht ohne Einfluss auf die Region blieben, zu verkraften, wie das Vier-Kaiser-Jahr im Jahre 69 n. Chr., die Vorboten der Völkerwanderung.

So kam es zwischenzeitlich immer wieder zur Zurückstellung eigener Vorhaben wegen zeitweilig einsetzender Gefahrenlagen oder anderweitiger vorrangiger Vorhaben.

Doch zurück zur Straßenplanung für Vor- und Rückmarsch und Seitwärtsbewegungen der Legionen in ihrem künftigen Einsatzgebiet.

Ziel der Legionen war es, von Italien aus, von Gallia Cisalpina aus sowie von der Küstenstraße Dalmatiens aus den geländemäßig möglichen wie auch taktisch richtigen Durchmarsch durch Illyrien von Südwesten nach Nordosten bis hin zur Donau, der Reichsgrenze zu planen und einzurichten. Vorhandene Wege wurden in das neue Netz einbezogen, für die neuen Bedürfnisse entsprechend hergerichtet, neue, notwendig gewordene Straßen in Angriff genommen.

Das gesamte Gebiet war auch straßenmäßig zu umfassen und einzugrenzen.

Im Norden verlief von Westen nach Osten die Donautalstraße, beginnend in Carnuntum und endend in dem späteren Noviodunum. Entlang der Donautalstraße bedurfte es wie zeitgleich am Rhein der Anlage von Kastellen, anschließender Truppenverlegung dorthin, sicherlich auch mit dem Auftrag, die Donautalstraße zu verbreitern, zu verlängern.

Die weitere Entwicklung der Stadtanlagen wurde im Auge behalten.

Eine weitere Straße von Bedeutung war die Uferstraße am Westufer des Schwarzen Meeres, die nach Byzantium führte, ausgehend von Histria/Istropolis.

Im Süden Thrakiens und Illyriens verlief auf dem Gebiet Makedoniens von Ost nach West von Byzantium ausgehend die Via Egnatia, die bis Dyrrhachium führte. Von dort aus begann von Süden nach Norden verlaufend die dalmatische Küstenstraße über Salonae nach Aquileia. Von dort aus ging es über Emona, Celeia, Poetovio und Savaria nach Carnuntum, womit der Kreis um Illyrien geschlossen wäre. Die Straßen waren damals praktisch die geistigen Autobahnen, auf denen die Missionsblitze Roms in die westliche Welt gesandt wurden. Aus Rom selbst führten ca. 10-15 Straßen in die nähere und weitere Umgebung, wo sie dann, verlängert, in die bekannte Welt ihren Lauf nahmen. Dass auf denselben Straßen im Laufe der Zeit Fremdes und letztendlich Tödliches nach Rom zurückkam, zeigte sich später, z. B. das Christentum und der Germanensturm.

Etwas vorsichtiger in dieser Hinsicht waren die Franken bezüglich der Wege, Verbindungen zwischen ihrem Reich und den Teilen des Frankenreiches ostwärts des Rheins. Sie ließen die von den Römern hinterlassenen Straßen unausgebessert, überwuchern, entnahmen ihnen Steine für andere Bauten, um auf diese Weise über kaum passierbare Straßen den Zugang von Fremden, von Feinden zu verzögern oder gar zu verhindern.

Eine ähnliche Funktion wie dem Rhein kam der oberen /mittleren Donau zu, was ebenfalls zu der Anlage von Legionslagen, Kastellen führte, inklusive der nachfolgenden Belegung mit Truppenverbänden.

In erster Linie galten sie als Aufmarschbasis für die Erreichung des strategischen Fernziels, der Inbesitznahme von Germania Magna.

Von den Aufmarschbasen an den beiden Flüssen, sollten die entsprechenden Feldzüge in die jeweils davorliegenden Gebiete erfolgen.

Die vom Rhein gestartete Offensive endete bekanntlich mit dem letzten Feldzug des Germanicus im Jahre 16 n. Chr.

Die Weiterverfolgung des römischen Expansionsgedankens mit militärischen Mitteln entfiel für immer, die Römer brachten sich mittels Handel und Wandel rüber ins germanische Kernland. Die römische Kultur folgte auf dem Fuße. Auch an der Donau wurde zum gleichen Zeitpunkt der Verteidigungscharakter des Flusses sichtbar. Im pannonischen Abschnitt erfolgten zunächst Vorstöße der Markomannen, ein begrenztes römisches Vordringen verbunden mit schwierigen Abwehrkämpfen, fand massiv erst in den Jahren 165-180 n. Chr. statt.

An der unteren Donau gelang der beabsichtigte Vorstoß am Anfang des 2. Jahrhunderts unter Trajan, der mit der Eroberung Dakiens auf dem nördlichen Ufer der Donau endete.

Aber im Endeffekt gelang es den Römern – wie am Rhein – so auch an der Donau nicht, das ehemals gesteckte Fernziel, Elbe, Sudeten, Karpaten in Gänze zu erreichen, es bleib militärisch bei Teilerfolgen, ihre Kultur, ihr „wayoflife" wurde trotzdem ein Exportschlager im Gebiet der noch jungen, unverbrauchten, barbarischen wie unzivilisierten Völker jenseits des Rheins und der Donau.

Zur Sicherung, Aufklärung, Transport von Soldaten und Gütern waren für jeden Fluss spezielle Flotten eingerichtet, aufgestellt und in Dienst versetzt.

Zugleich waren die Truppen an den Flüssen auch für eine etwaige Verteidigung des römischen Reiches gedacht, was sich später als sehr nützlich erwies, solange den anstürmenden Germanen noch Paroli geboten werden konnte. Zuguterletzt konnten die Legionen konzentriert kehrt machen und an Unruheherden im Reich eingesetzt werden, womit ihre Stationierung auch taktisch gerechtfertigt war.

Die am Westufer des Pontus Euxinus von Nord nach Süd verlaufende Straße, war für die Römer nicht ohne Bedeutung, konnten auf ihr doch Truppenbewegungen zur Unterstützung bei Einfällen im Donaudelta oder bei Überqueren des Donauknies, wo die Donau am nächsten zum Schwarzen Meer stand, stattfinden.

Auch von See her konnten feindliche Anlandungen erfolgen, gegen die Truppeneinsatz erforderlich werden konnte. Die Straße war somit von nicht geringer Bedeutung und bedurfte sowohl im moesischen wie im thrakischen Abschnitt der steten Überwachung. In ihrem Verlauf von Norden nach Süden waren folgende Städte/Ansiedlungen verzeichnet:

Histria – Tomi (Constantiana) – Callatis – Odessus – Mesembria – Auchialus – Apollonia – Byzantium

Die Südtangente des zu erobernden Bereichs wurde durch die Via Egnatia gebildet; vermutlich dürfte sie mit der Gründung von Roma Nova im Jahr 330 n. Chr. erneut zu einer Hochform aufgelaufen sein, lag sie doch am Ende der Nabelschnur – von Rom aus betrachtet – und dürfte ab diesem Zeitpunkt nicht nur hin und her jagenden Kurieren mit wichtigen Depeschen für die jeweils andere Metropole gedient haben.

Vorzüglich eignete sie sich für Truppenverschiebungen von Italien in den äußersten Südosten an die Euphratfront, aber auch für Kräfteverlegungen nach Ägypten, Judaea und Syrien.

Zudem war sie Aufmarschbasis für den Einmarsch von Legionen ins Landesinnere Illyriens wie auch besonders für einen eiligen Durchmarsch von erforderlichen Kräften direkt an die Donaufront.

Entlang der VE waren folgende Städte/Ansiedlungen verzeichnet:

Byzantium (Constantinopolis) – Perinthus – Traianopolis – Philippi – Thessalonice – Pella – Heraclea – Dyrrhachium (Epidamnus).

Hansjörg Frömmer beschreibt in seinem Werk "Die Illyrer" die Via Egnatia wie folgt:

„Je wichtiger Griechenland und auch später der weitere Osten für die römische Politik und Wirtschaft wurden, umso wichtiger wurden auch die Verbindungswege dorthin. Dafür wurde als eine der ersten Militärstraßen außerhalb Italiens die Via Egnatia ausgebaut, die von Apollonia oder Dyrrhachium aus durch das Tal des Genesus zum Ohrid-See und über Herakleia und Pella nach Saloniki führte.

Mit der Überfahrt von Brundisium war sie die kürzeste und schnellste Verbindung von Rom nach Kleinasien und zur Ägäis und sie wurde zu einer Hauptader sowohl für den militärischen und staatlichen Verkehr wie für den Handel.

Davon hatten natürlich auch die Anrainer Nutzen.

Die Via Egnatia war durch ständige militärische Präsenz gesichert und sie war Aufmarschgebiet für alle Aktionen gegen Griechenland und Kleinasien. Die hohe Militärdichte machte Widerstand schwierig.

Gleichzeitig trug sie zur wirtschaftlichen Prosperität bei, denn Landwirtschaft und Handwerk arbeiteten für die Armee.

Der Einfluss der Armee und des Handels stärkte aber auch die kulturelle Internationalisierung und Durchmischung."

Die Bedeutung der Straße für das Militär wird klar herausgestellt und bedarf keiner Kommentierung.

Die Römer wären nicht die Römer, wenn sie die Eroberung Illyriens nicht taktisch durchdacht und konzipiert hätten, inklusive Unwägbarkeiten.

Zunächst mussten fundamentale Voraussetzungen geschaffen werden, wie z. B. das Verkehrsnetz.

Blicken wir auf die Küstenstraße am Ostufer des Mare Adriaticum, so finden wir in ihr eine solche Grundvoraussetzung.

Es galt, sie in Besitz zu nehmen, um spätere Operationen von ihr aus ins Landesinnere vorzunehmen und um dann im weiteren Verlauf des Geschehens die Donau zu gewinnen.

Sie war von Bedeutung, da sie überall, wo Einfallsschneisen in das Land waren, von See her erreicht werden konnte, was das Vorbringen von Landtruppen und deren Versorgung zu jeder Zeit und ohne Kräfteverschleiß ermöglichte.

Das galt in gleicher Weise für Auswechslung von ausgepumpten Kräften und reparaturwürdigem Gerät wie das Organisieren des Nachschubs von frischen Legionen, Waffen und Gerät sowie Nahrungsmitteln.

Bekanntlich war die Eroberung nicht leicht gefallen, kein Spaziergang und hatte nicht unerhebliche Verluste für die Römer gebracht.

Schließlich war die Straße unter Kontrolle und konnte als Aufmarschbasis wie für Truppenbewegungen genutzt werden.

An ihr lagen von Süd nach Nord folgende Städte und Ansiedlungen, colonia respektive municipium – die eine oder die andere:

Dyrrhachium als Aufnahmepunkt für Schiffstransporte aus Brundisium vom italischen Festland zum einen, als Dreh- und Angelpunkt für Truppenverschiebungen nach Norden entlang der Küstenstraße wie auch nach Osten auf der Via Egnatia Richtung Makedonien und Kleinasien zum anderen.

Auf dem Weg nach Norden folgt die Siedlung Lissus, einer der Ausgangspunkte für eine Durchgangsstraße durch Illyrien über Naissus nach Viminacium an der Donau.

Weitere Ortschaften sind Olicinium, Risinium, Epidaurum.

Darauf folgte an der Küstenstraße als weitere bekannte Siedlung Narona, Ausgangspunkt einer weiteren Durchgangsstraße über Sirmium nach Singidunum an der Donau.

Bald darauf wird Salonae erreicht, ausgewiesen als Festung.

Salonae war vermutlich Versorgungsstützpunkt für die dalmatischen Legionen im Cettina-Tal, Delminium und im Kerka-Tal, Burnum.

Des Weiteren führt von Salonae eine zusätzliche Straße ins Landesinnere Illyriens auf die Save-Straße auf der in südostwärtiger Richtung über Sirmium Singidunum an der Donau erreicht wird, von wo Bewegungen sowohl nach Pannonia Superior als auch nach Moesia Superior möglich sind.

Bevor die Küstenstraße von der Küste ins Landesinnere nach Emona führt, ergibt sich noch eine letzte Illyricum von der Küstenstraße nach Siscia querende Straße, die vermutlich ihre Basis in Scardona hat.

Von Emona aus startet zum einen die zunächst besonders bedeutsame Savetalstraße, in ihrer frühen Bedeutung der späteren Donautalstraße gleich, da zu dieser Zeit das bisher erreichte, eroberte Gebiet von der Save im Norden und der Drina im Osten begrenzt wurde.

Rom hatte seine Pranke auf Dalmatien in dieser angegebenen Begrenzung niedersausen lassen und es fest im Griff.

Von Emona führte eine Straße nach Südwesten und erreicht den Hauptstützpunkt und Ausgangspunkt für einen jeweiligen Vormarsch nach Nordosten, Osten und Südosten, nämlich Aquileia.

Emona, quasi als Vorposten von Aquileia, ist zugleich Ausgangspunkt der alten Fernhandelsstraße nach Truso an der Ostsee.

Mit Emona hatte sich zu diesem Zeitpunkt der Kreis der Illyrien umschließenden Straßen geschlossen, Savetalstraße, Donautalstraße, Schwarzmeerstraße, Via Egnatia und Küstenstraße am Mare Adriaticum.

Das spätere Illyricum ist damit eingekreist, die umschließende Straßenführung steht.

Mit dieser Maßnahme erfolgte zugleich die Besetzung und der Ausbau der Donaulinie, das Eindringen und die Inbesitznahme des oben beschriebenen Teils von Illyricum, mit anschließender Durchdringung in altbekannter und altbewährter Weise.

Als nächstes erschien es dringlich, im Nordwesten die Front nach Nordosten Richtung Donau vorzuverschieben, d. h. Gewinnung des Gebiets zwischen Save und Drave, um anschließend den noch offenen Restteil in dem Dreieck Aquincum, Mursa, Poetovio endgültig zu besetzen, um abschließende Maßnahmen einleiten zu können.

Erst danach konnte das Gebiet südlich der unteren Donau, ostwärts der Drina und nördlich der Via Egnatia, das spätere Obermösien, römisch besetzt werden.

Zur Durchquerung des Landesinneren von Illyricum/Thracia fanden die Römer zur Zeit des Augustus Tiberius folgendes Straßennetz vor, das es zu erneuern und erweitern galt, wollte man das Vorhaben der Eroberung des neuen Gebiets für Rom zum Ende bringen.

Die Umlaufstraße ist beschrieben und in ihrer jeweiligen Teilfunktion erläutert.

Nun gilt es, die durchführenden bzw. querverlaufenden Straßen Illyriens anzusprechen, um die Möglichkeiten der Verwertbarkeit für die Militärs darzulegen.

Die von Südwesten, d. h. von der Küstenstraße nach Illyrien hineinverlaufenden Straßen wurden angesprochen; sie stießen nach Nordosten verlaufend auf die „Diagonale", die Illyrien/Thracien von Nordwesten nach Südosten durchläuft und wie Via Egnatia und Donautalstraße die Bedeutung einer Hauptschlagader hat.

Sie beginnt in Emona und führt über Siscia, Sirmium, Singidunum entlang der Velika Morava nach Naissus.

Naissus ist der zentrale Punkt, der aus der Mitte Illyriens/Thraciens heraus Truppenbewegungen in alle Richtungen zulässt.

Von Dyrrhachium, Thessalonice oder von Byzantium zugeführte Kräfte konnten von Naissus aus Richtung Viminacium und von dort entlang der Donautalstraße einerseits nach Aquincum oder Carnuntum marschieren, andererseits bestand die Möglichkeit, von Naissus aus Richtung Ratiaria und von dort entlang der unteren Donautalstraße über Oescus, Novae, Durostorum nach Troesmis in Marsch gesetzt zu werden.

Kräfte aus Byzantium konnten zudem entlang der Schwarzmeerstraße oder von Serdica und Hadrianopolis durch Thracien hindurch an Brennpunkte in Niedermösien vorgeführt werden, was sicherlich ab dem 3. Jahrhundert vermehrt der Fall war.

Dieses Straßennetz war vermutlich gegen Ende des 1. J. bzw. Anfang des 2. J. fertiggestellt und sicherlich wurde über Jahrhunderte weiter daran gearbeitet, wenn sich neue Forderungen ergaben.

Im Übrigen nutzte dieses Straßensystem auch den Goten, Hunnen und weiteren Germanenvölkern bei deren Vormarsch auf Rom, das war die Kehrseite der Medaille.

Erheblicher Ausbau- und Erweiterungsbedarf am Straßennetz in Obermösien, Dacia ripensis, Dacien, Niedermösien und Skythien wird nach Eroberung Daciens im frühen 2. Jahrhundert durch Trajan, während der Zugehörigkeit D.'s zu Rom und ganz besonders nach Aufgabe Daciens, zgl. Beginn des erhöhten Einfalls gotischer Kräfte, bestanden haben.

Besetzen und Halten des romeigenen Gebiets war mit dem Beginn des Hunnensturms, einhundert Jahre später, das Gebot der Stunde.

Zunächst, in einer ersten Phase der Vorbereitung und Eroberung Daciens Ende des 1. Jahrhunderts, Anfang des 2. Jahrhunderts und über die folgenden Jahrzehnte dürften folgende Schwerpunkte bestanden haben.

1. Ausbau der Donautalstraße als Straße und Anlage von Legionslagern an ihr, speziell auch an Einfallsschneisen nach Dacien. Im Endstadium wies diese Straße folgende Städte/Siedlungen/Legionslager auf:
    „Submuntorio, Vallato, Lauriaco, Adiuvense, Vindomare, Carnunto, Bregtione, Acinco, Teutoburgio, Burgenas, Singiduno, Cuppis, Ratiaria,

Oesco, Nonas, Sexaginta prista, Durostoro, Troesmis, Noviaduno. (Namen 400 n. Chr.)

2. Nutzbarmachung der Hauptschlagader Illyriens im Abschnitt Naissus, Serdica, Philippopolis, Hadrianopolis für das o. a. Eroberungsvorhaben

3. Ausbau der Nachschublinien Lissus, Naissus, Ratiaria und Dyrrhachium, Heraclea, Stobi, Serdica, Oescus.

4. Anlage weiterer Straßenverbindungen zwischen Hauptschlagader Istriens und Donautalstraße wie Philippopolis nach Novae und Hadrianopolis über Odessus nach Durostorum.

Somit war ein gesicherter Unterbau ins Gebiet südlich und nördlich des Haemus Mons entstanden, der den Vormarsch römischer Legionen vor allem aus südwestlicher Richtung durch Thracien, Ober- und Niedermoesien nach Dacien ermöglichte.

Mit Einmarsch und Besetzung Daciens über die entsprechenden Einfallsschneisen wurden selbige gemäß römischen Vorstellungen zu „Straßen" gemacht, erweitert, befestigt, überwacht – nach bewährter römischer Manier.
Im Westen wurde ausgebaut die Straße Viminacium, Berzovia, Tapae/Tibiscom, Sarmizegetusa, Apulum.
Anschließend gewannen an Bedeutung die Straßen von Dobreta nach Tapae/Tibiscum und nach Sarmizegetusa.
Ganz sicherlich nicht unbedeutend war die Straße entlang des Alutus in der Mitte Daciens von der Donau im Süden nach Norden führend, dabei Apulum, Potaissa und Porolissum berührend.
Eine West-Ost Straßenverbindung durch Dacien erscheint zu diesem Zeitpunkt noch nicht akut gewesen zu sein.

Spätestens jedoch dann, als sich Rom wegen der herandrängenden Germanenmassen aus dem Nordosten nach Dacien hinein, hindurch und über die Donau nach Süden, mit dem Gedanken befassen musste, wie begegne ich jenen, wie halte ich sie auf, wie verlangsame ich ihren Vormarsch, wie verhindere ich, dass sie mich überrollen.

Dass es später so kam, ist eine andere Sache.

Zunächst mussten ab Mitte des 3. Jahrhunderts Abwehrabschnitte in Form neuer Straßen für Verteidigungsstellungen und Truppenbewegungen geschaffen werden.

Eine erste Auffanglinie war möglicherweise die West-Ost-Verbindungsstraße durch Dacien: Dobreto-Turnu Severin-Craiova-Bukarest-Constanta. Eine zweite Auffanglinie stellen Donau und an deren Südufer verlaufende Donautalstraße mit den dort stationierten Legionskräften dar.

Die Römer gingen in dem – später verzweifelten – Abwehrkampf mit weiteren Anlagen auf Nummer sicher, und das mit dem taktisch geschulten Blick für günstiges Abwehrgelände. So richteten sie noch eine dritte und vierte Auffanglinie ein, durch Anlage und Ausbau west-ost verlaufender Straßen nördlich und südlich des Haemus Mons.

Dies waren sie: Einmal die „Straße nördlich des Haemus" mit:

> Vidin, Vraca, Mezdra, Cherven, Bryag, Pleven, Levski, Pavlikeni, Oryakovitsa, Popovo, Turgovishte, Kolarovgrad, Varna.

Die zur Donautalstraße erforderlichen Süd-Nord Verbindungen waren folgende:

Cherven Bryag	-	Orekhovo
Pleven	-	Nikopol
Levski	-	Svistov
Turnovo	-	Ruse
Kolarovgrad	-	Ruse

Dann die „Straße südlich des Haemus" (Haemus Mons = Westlicher Balkan, Hoher Balkan, östlicher Balkan) mit:

> Nis, Pirol, Sofia, Pirdop, Karlovo, Kazanluk, Tulovo, Sliven, Karnobat, Aytos, Burgas.

Die zur „Straße nördlich des Haemus" erforderlichen Süd-Nord Verbindungen waren folgende:

Sofia	-	Mezdra
Tulovo	-	Turnovo

Karnobat   -   Varna

Auch von der Hauptschlagader Nis-Edirne führten Verbindungsstraßen zur „Straße südlich des Haemus":

Plovdiv   - Karlovo
Dimitrovgrad - Tulovo
Maritsa   - Karnobat

Als letzte erforderliche Verbindungsstraße in diesem Straßennetz für die Verteidigung Roms in Form einer Abwehr der in der Provinzen Skythien, Niedermösien und Thracien eindringenden Gotenscharen sei die Straße Plovdiv–Varna genannt. (Namen gebräuchlich in 2003 n. Chr.)

Trotz dieser guten und ausreichenden Grundlage in Form eines derartigen Straßennetzes, zugleich gestaffelter Abwehrlinien gelang es Rom bekanntlich nicht, den Germanenansturm zu bremsen.

Ursache waren menschliches Fehlverhalten einiger römischer Anführer sowie mehrere taktische Führungsfehler vor und während anstehender Gefechte.

2.1.6 Ereignisse in Illyrien im 1. Jahrhundert n. Chr.

Im Laufe der weiteren Entwicklung tat sich nach der Niederschlagung des Aufstandes der Legionen anlässlich des Ablebens des Augustus verwaltungstechnisch gesehen in dem betreffenden Gebiet folgendes:

Unter Tiberius wurden zwei Verwaltungsbezirke aus der Taufe erhoben, Dalmatien und Pannonien.

Unter Claudius wurde das Gebiet der Thraker ostwärts des Flusses Morava zum Verwaltungsbezirk Moesien ausgeworfen.

Alle drei Bezirke wurden einheitlich verwaltet und liefen von nun ab unter dem Namen Illyrien.

Durch Illyrien hindurch lief allerdings eine sichtbare/unsichtbare Grenze geistiger Natur. Das lateinisch sprechende Gebiet von Dalmatien und Pannonien tendierte zum römischen, das griechisch sprechende Makedonien und Moesien gerieten unter hellenistischen Einfluss.

Was hier geschah, wurde durch die spätere Reichsteilung bestätigt, eine Grenze, die für immer blieb.

Unter Vespasian schließlich wurden die Regionen aus dem dalmatinischen Raum nach Norden verlegt, unter Domitian hatte man bereits die Donau überquert und lag wieder einmal in Kämpfen mit den Dakern.

Wichtiger Verkehrsknotenpunkt und Militärstützpunkt wurde Sirmium.

Mehr und mehr konnte Rom jetzt daran gehen, die Provinz für sich arbeiten zu lassen, seinen Teil zur Existenz des Gesamtreiches beizutragen, sie auszubeuten würden böse Zungen das nennen, was freilich zu kurz gedacht wäre, denn schließlich wuchs die Provinz heran, von Roms Errungenschaften insgesamt profitierend.

Womit konnte Illyrien dienen?

Neue Bundesgenossen wurden von Rom aufgenommen, das bedeutete zusätzliche Legionäre, das bedeutete auch weitere Sklaven, ein wesentlicher Bestandteil, der Roms florierende Wirtschaft überhaupt erst ermöglichte.

Außerdem bedeutete der Zuwachs Steuergelder, die man selbst in Rom nicht verachtete.

Aber Illyrien hatte weit mehr zu bieten. An Bodenschätzen fanden sich Silber, Gold, Eisen; von Bedeutung war weiterhin dalmatinisches Holz, darunter Edelhölzer.

Ein hochwertiger Pferdebestand, wie auch sonstiges Nutzvieh kamen hinzu. Olivenöl, Getreide und Käse taten ein Übriges, gefragt waren auch Keramikwaren und Textilerzeugnisse.

Was gab nun Rom dafür zurück, um die neue Provinz voranzubringen, sie auf die Ebene anderer bereits länger zu Rom gehörigen Provinzen zu bringen?

Zunächst, anschließend an den Straßenbau erfolgten an speziell ausgesuchten Plätzen, natürlich auch mit militärischem Hintergrund, Gründungen von Siedlungen, Städten.

In den Städten entstand dann das Übliche, was römische Städte ausmachte, immer auch mit dem Blick auf das römische Heer.

Nachdem Legionäre ihre Dienstzeit abgeleistet hatten und ihre Entlassung erfolgte, erhielten sie neben einer finanziellen Abfindung auch des Öfteren eine Landzuweisung.

So wurden sie in die Lage versetzt, sich ein neues Leben aufzubauen, zumal zu diesem Zeitpunkt auch ihre bis dahin inoffiziellen Lebensgemeinschaften legalisiert wurden.

Es erfolgte nicht selten eine Vermischung der römischen Legionäre mit der einheimischen Bevölkerung.

Somit wurde die Grundlage für eine künftige Siedlungspolitik auch im Sinne der Romanisierung gelegt. Mittels dieser Bevölkerung war es möglich geworden, die Zuarbeit für die Legionen in den Städten zu gestalten, hauptsächlich in Landwirtschaft und Werkstätten.

Es entstanden alle notwendigen Betriebe wie Annehmlichkeiten für Legion und Stadtbevölkerung.

Eingerichtet wurden Wasserleitungen, Straßen, Wohnungen, Versorgungsbetriebe, Theater, Thermen, Fabriken und gelegentlich eine Arena.

Die Städte erhalten eine Selbstverwaltung nach römischer Art, ihre Bürger nach und nach das römische Bürgerrecht.

Illyrien wird kultiviert, ihre Eigenheiten hinsichtlich Sprache, Sitten behalten die Illyrer bei, die in abgelegenen Tälern leben.

Stadtrechte erhielten im Laufe der Zeit Scarbantia (Oedenburg), Siscia, Sirmium, Poetovio (Pettau) und letztendlich Mursa (Eszeg).

Das Gebiet ostwärts der Raab und nördlich der Drau verzeichnete diese Entwicklung zunächst nicht.

Dieser Nachholbedarf wurde unter Trajan ausgeglichen.

Das nach Osten anschließende Bergland an der Morava und das Flachland zwischen Balkan und Donau bewohnten Thraker.

Zur militärischen Lage in der ersten Hälfte des 1. Jahrhunderts n. Chr. in Illyrien äußert Theodor Mommsen:

„Die Ursache, weshalb die pannonische Armee ganz oder zum Teil im Drautal verblieb, kann nur die gleiche gewesen sein, welche zu der Anlage der dalmatischen Legionslager geführt hat: Man brauchte hier die Truppen, um die Untertanen sowohl im nahen Noricum wie vor allem im Draugebiet selbst in Gehorsam zu halten.

Auf der Donau hielt die römische Flotte Wacht, die schon im Jahre 50 v. Chr. erwähnt wird und vermutlich mit der Einrichtung der Provinz entstanden war. Legionslager gab es am Fluss selbst unter der julisch-claudischen Dynastie vielleicht noch nicht, wobei in Betracht kommt, dass der zunächst der Provinz vorliegende Suevenstaat von Rom damals abhängig war und für die Grenzdeckung einigermaßen genügte.

Wie die dalmatinischen hat dann, wie es scheint, Vespasian auch die Lager an der Drau aufgehoben und sie an die Donau selbst verlegt; seitdem ist das große Hauptquartier der pannonischen Armee das früher norische Carnuntum, östlich von Wien und daneben Vindobona (Wien),

das spätere Moesien war zunächst thrakisch, unter Augustus wurden die Thraker Vasallen Roms. Römischer Lehnskönig war Rhoemetalces, loyal Rom gegenüber, mit den Seinen lag er im Zwist, da diese sich Rom nicht unterordnen wollten.

Tiberius setzte kurzerhand Titus Rufus als Statthalter ein, was Empörung unter den Thrakern hervorrief. Kraft der moesischen Legionen, die nach Philippopolis entsandt wurden, wurde diese entsetzt, der Aufruhr beendet.

Anlässlich von Aushebungen kam es erneut zu Empörungen, aber auch diese Lage meisterten die Römer.

Unter Claudius erfolgte die endgültige Bezwingung mittels Einrichtung eines römischen Bezirks mit unmittelbarer Verwaltung. Thracien zeigte sich künftig als loyale Provinz des römischen Reichs, welche nicht nur Legionssoldaten sondern auch Spezialisten wie Reiter und Fechter stellte.

Theodor Mommsen überliefert Geschehnisse an der unteren Donau während der letzten Jahre, in denen Nero Kaiser des römischen Reichs war.

Dieser „führte über 100.000 jenseits der Donau wohnhafte Männer mit ihren Weibern und Kindern und ihren Fürsten oder Königen über den Fluss, so dass sie der Steuerentrichtung unterlagen.

Eine Bewegung der Sarmaten unterdrückte er, bevor sie zum Ausbruch kam, obwohl er einen großen Teil seiner Truppen zur Kriegsführung in Armenien abgegeben hatte. Eine Anzahl bis dahin unbekannter oder mit Römern in Fehde stehender Könige führte er über auf das römische Ufer und nötigte sie, vor den römischen Feldzeichen den Fußfall zu tun.

Den Königen der Bastarner und der Roxolaner sandte er die Gefangenen oder den Feinden wieder abgenommene Söhne, denen der Daker die gefangenen Brüder zurück und nahm von mehreren derselben Geiseln.

Dadurch wurde der Friedensstand der Provinz sowohl befestigt wie weiter erstreckt.

Auch den König der Skythen bestimmte er, abzusehen von der Belagerung der Stadt Chersonesus (Sevastopol) jenseits des Borysthenes.

Er war der erste, der durch große Getreidesendungen aus dieser Provinz das Brot in Rom wohlfeiler machte". (Bericht des Statthalters von Moesien, Tiberius Plautius Silvanus Aelianus)

Wie ersichtlich, reichte der Arm Roms zu dieser Zeit noch über das Nordufer der Donau hinaus in nordostwärtiges Gebiet entlang der West- und Nordwestküste des Schwarzen Meeres. Diesen Bereich konnte auch die zahlenmäßig geringere Flotte Roms noch schützen, doch damit war sie ausgelastet.

Landkräfte dürften ebenfalls nur wenige nördlich der Donau stationiert gewesen sein, vielleicht waren es nur kurze, sporadische Patrouillen oder gelegentliche Feldzüge.

Insgesamt gesehen war die Besatzung für den Raum an der unteren Donau verhältnismäßig gering gehalten. Das änderte sich unter Trajan, besonders aber mit vermehrtem Auftauchen der Goten.

Immerhin standen dem Statthalter von Moesien für seinen Abschnitt von Belgrad bis zur Donaumündung nur zwei Legionen zur Abwehr zur Verfügung.

Unter Vespasian/Trajan wurde die Anzahl der Kräfte erhöht.

Bewegung für die Legionskräfte der Römer in Illyrien und an der Donau brachten die unruhigen Zeiten, die Neros Tod folgten.

Besonders vor und nach dem Vierkaiserjahr erfolgten Einsätze der Donau- und Rheinlegionen. Die Donaulegionen wurden vermehrt von ihren Standorten an der Donau nach Italien verlegt. Die germanischen Völker nördlich der Donau erkannten sofort, dass die Donaukräfte erheblich ausgedünnt worden waren, witterten Morgenluft und schlugen unversehens zu.

Die verbliebenen Römer hatten schwere Kämpfe gegen Jazygen, Daker und Roxolanen durchzustehen. Dazu konnte Mucianus die VI Legion einsetzen. Weitere Verstärkung kam nicht, Vorrang hatten derzeit die Euphratkräfte.

Unter der straffen Führung Vespasians wurden die Verhältnisse an der Donau neu geregelt.

Zunächst wurden die bereits vorverlegten Legionen erneut weiter nach Norden vorgeführt. Die Lager an der Drau wurden verlassen, die Legionen marschierten an ihre neuen Standorte, Carnuntum und Vindobona.

Des Weiteren verlegten die Truppen die Standorte an der Kerka sowie an der Cettina nach Nordosten an das moesische Donauufer.

Sie verstärkten die zwei in Moesien bereits stationierten Legionen und erhöhten somit die Schlagkraft der Donauarmee nicht unerheblich.

Im Verlauf der 80er und 90er Jahre des 1. Jahrhunderts n. Chr. kam es unter der Regierung Domitians zu erheblichen Auseinandersetzungen an der unteren Donau mit den Dakern, die im Winter 85/86 n. Chr. unerwartet über die Donau nach Niedermoesien eingedrungen waren.

Das römische Heer unter C. Oppius Sabinus erlitt eine Niederlage, S. verlor sein Leben.

Die Daker waren zu diesem Zeitpunkt armeemäßig reorganisiert, die römische Disziplin war eingeführt worden. Aufgrund richtiger Führung kann somit der Sieg über die Römer nicht von ungefähr.

Zerstörte kleinere Lager, Bedrohung größerer Lager mussten die Römer verzeichnen. Da die Angelegenheit nun größere Ausmaße anzunehmen drohte, trat Domitian höchst persönlich auf den Plan.

Von Naissus aus, dem Hauptquartier der Römer in Illyrien, leitete er einen Feldzug gegen die Daker ein.

Seine rechte Hand an der Front war ein gewisser Cornelius Fuscus. Erfolgreich ging er gegen die dakischen Eindringlinge südlich der Donau vor, er blieb siegreich.

Im Jahr 87 n. Chr. setzten die römischen Truppen über die Donau nach Norden und drangen nun ihrerseits in Dakien ein, vermutlich in der Gewissheit, die bisher erzielten Erfolge in nachdrücklicher Weise zu wiederholen und mittels dieser Expedition den Dakern aufs Haupt zu schlagen.

Fuscus' Kräfte erlitten jedoch eine Niederlage wie zuvor bereits Sabinus, Fuscus verlor sein Leben.

Unter Tettius Julianus, einem weiteren römischen Befehlshaber, erfolgte 88 n. Chr. ein weiterer Feldzug gegen die Daker bei Tapae. Dazu berichtet Dio Cassius:

„Im dakischen Krieg ereigneten sich auch folgende, merkwürdige Begebenheiten. Julianus, den der Kaiser zum Anführer in diesem Krieg gemacht hatte, traf viele gute Einrichtungen; u. a. befahl er den Soldaten, sie sollten sowohl ihre eigenen als auch ihrer Centurionen Namen auf die

Schilde schreiben, damit jeder, der sich im Guten oder Bösen hervortäte, leichter zu erkennen wäre.

Als er bei Tapae auf die Feinde stößt, tötete er sehr viele. Unter ihnen war auch Vezinas, der die zweite Stelle nach Decebalus einnahm; da er lebend nicht entkommen konnte, fiel er absichtlich nieder, als wäre er tot; so blieb er unbemerkt und entfloh in der Nacht.

Decebalus, der nun fürchtete, die Römer könnten, da sie ja gesiegt hatten, auch gegen seine Königsburg anrücken, ließ die Bäume, von denen sie umgeben war, abkappen und behängte dann die Stämme mit Waffen, damit die Römer, indem sie sie für Soldaten hielten, in Furcht gerieten und umkehrten.

So geschah es auch."

Die Daker wurden besiegt, Dakien wurde Klientelstaat.

Währenddessen hatte Domitian Sueven und Jazygen im Kampf gegen die Daker um Hilfe ersucht, ohne Erfolg.

So überzog nun Domitian jene mit Krieg, was für die Römer mit Niederlagen endete.

Die Markomannen siegten über Domitian, die Jazygen vernichteten eine römische Legion samt ihrem Kommandeur.

Domitian schloss, ob dieser Niederlage beeinträchtigt, wankend und ohne Zuversicht, mit den Dakern Frieden, ja er zahlte noch drauf für das Versprechen, künftig Übergriffe seitens der Daker auf Niedermoesien zu unterlassen. Domitian starb im Jahre 96 n. Chr.

Dio Cassius schreibt:

„Domitian also rückte gegen sie (Daker) in das Feld, nahm jedoch an dem Krieg selbst nicht teil, sondern blieb in einer Stadt Moesiens (Naissus) zurück und trieb schlechte Streiche, wie gewöhnlich.

Denn abgesehen davon, dass er im Körper keine Kraft, im Herzen keinen Mut hatte, war er der allerüppigste und wollüstigste Mensch. In den Krieg schickte er andere Feldherren meistens mit unglücklichem Erfolg; das Unglück warf er dann den Feldherren vor. Denn alles Gute, wenn er auch nichts davon getan hatte, maß er sich bei; für alles Üble, mochten es auch die Folgen seiner eigenen Befehle sein, machte er andere verantwortlich. Wer glückliche Erfolge erzielte, den hasste er; wer Unglück hatte, den tadelte er.

Den noch andauernden Krieg gegen Sueven und Jazygen beendete sein Nachfolger Nerva im Jahre 97 n. Chr.

2.2 Trajan – Hadrian (Adoptivkaiser)

Insgesamt konnten unter Domitian/Nerva zwar Erfolge verbucht werden, doch weder Markomannen noch Daker waren eindeutig und endgültig bezwungen.

Ihre Erfolge gegen römische Truppen waren nicht hoch genug einzuschätzen und stellten einen Vorgeschmack auf künftige Auseinandersetzungen mit ihnen dar.

Ein Hunnensturm und etwaige Folgen waren zu dem Zeitpunkt nicht vorhersehbar. Die augenblicklichen germanischen Völkerstämme nördlich der Donau konnten, wenn auch mit Mühe und eigenen Verlusten, noch in ihre Schranken gewiesen werden.

Ein neuer tatkräftiger Mann musste her, einer, der über Visionen verfügte und gewillt war, sie umzusetzen.

Das Schicksal war Rom gnädig. Er kam tatsächlich in der Gestalt des besonders fähigen und zielstrebigen jungen Kaisers Trajan.

Trajan hatte an der Rheinfront Truppenerfahrung gesammelt wie auch in Spanien. Er hatte die Verteidigungslinie am Rhein wieder in Ordnung gebracht, römische Siedlungen ostwärts des Rheins zurückerobert. Somit war er nicht ohne Erfahrung und für die Aufgabe der Stabilisierung der Donaufront, die durch Decebalus und seine Daker bedroht war, durchaus der richtige Mann.

Vielleicht steckte mehr in ihm, wuchs er über sich hinaus und würde die alte Idee der Vorverschiebung der Rhein-Donaufront in diesem Abschnitt wieder aufgreifen, sprich Dakien für Rom erobern.

Dakien barg immerhin Begehrliches in sich. Sklaven und vor allem Gold waren für Rom mit einem Mal in greifbare Nähe gerückt. Sklaven und Gold ermöglichten ja überhaupt erst den weiteren Ausbau und Fortbestand des Weltreiches, Sklaven und Gold waren die fundamentalen Stützen überhaupt.

Dakien hatte sich im Laufe der letzten zwei Jahrhunderte zu einem selbständigen, stolzen und wohlhabenden Gemeinwesen entwickelt.

Ursache war die technisch hoch entwickelte Eisenverarbeitung, die den Dakern den zivilisatorischen Fortschritt gebracht hatte. So konnten sie verbessertes Gerät für Anbau und Ernte von Getreide einsetzen. Das wiederum brachte Brot und Arbeit in spezialisierten Handwerksbetrieben.

Die Bevölkerung wuchs, mit ihr die Zunahme des Warenaustausches - da mehr als für den Eigenverbrauch nötig produziert wurde.

So kam in Dakien auch fremdes Geld in Umlauf.

Der Staat Dakien erhöhte seine Militärmacht, befestigte seine Grenzen. Über eine gewisse Zeit dehnte sich der Staat gegen Kelten, Römerbereiche aus, zerfiel dann jedoch wieder und reduzierte sich auf sein Kerngebiet.

Trajan war ein vorsichtiger Mann, ließ nichts unbeachtet; bevor er sich ausgiebig der dakischen Angelegenheit annahm, ordnete er die Verteidigung Pannoniens. Und im Winter 98/99 n. Chr., eben an die Donau gekommen, bereitet er das Unternehmen Dakien sorgfältig vor.

Dazu gehörte insbesondere der Aus- bzw. Weiterbau der Donautalstraße bis Orsowa.

Sicherlich würde es irgendwann erforderlich, Truppen vom Rhein abzuziehen, um sie schnellstmöglich an Gefahrenpunkten an mittlerer und unterer Donau parat zu haben.

Als erstes zerriss er den Vertrag Domitians. Im Jahre 101 n. Chr. war es dann soweit, Trajan überquerte mit den römischen Kräften auf einer Pontonbrücke bei Viminacium die Donau und betrat das nördlich gelegene Transsylvanien, damit waren die Dakischen Kriege im Gange.

T. ging gegen die dakische Hauptstadt, Sarmizegetusa, vor.

Ein erstes Treffen zwischen Römern und Dakern fand bei Tapae statt, einen Sieger gab es nicht.

Da es auf den Winter zuging, zog sich Trajan nach Dobretae zurück wo er auch mit seinen Truppen überwinterte.

Zitat aus Trajans eigener Darstellung bei dem spätantiken Priscian: „Unde Berzobis, inde Aizi processimus." (Von dort zogen wir nach Berzobis und weiter nach Aizi)

Dies ist ein Hinweis zur Örtlichkeit des Hinmarsches nach Überquerung der Donau nahe Viminacium.

Zur Fortsetzung der Auseinandersetzung kam es im Jahre 102 n. Chr., als Trajan erneut die Donau überquerte und durch die Walachei nach Norden marschierte, entlang des Aluta Flusses zum Roter-Turm-Pass. Verhandlungen lehnte Trajan ab, marschierte weiter und nahm eine Burg nach der anderen bis Decebalus von zwei Seiten, nämlich durch Lucius Quitus und Trajan selbst, in die Zange genommen worden war und aufgeben musste.

Rom diktierte:

- Abgabe eines Teils Westdakiens (Banat) an Rom
- Schleifung der Festung Sarmizegetusa und weiterer
- Aufnahme einer römischen Legion, Verteilung von Besatzungskräften
- Verzicht auf Souveränität, Eintritt in die römische Klientel
- Übergabe Überläufer, einst gestellter Arbeiter
- Abgabe von Waffen und Kriegsmaschinen
- Fußfall des Königs vor dem Sieger
- Versprechen der Heerfolge

Decebalus, geschlagen, musste diesem Knebelvertrag wohl oder übel zustimmen.

Er tat es, um zu überleben und im Stillen auf eine Chance zur Revanche zu warten.

Trajan blieb nicht untätig.

Bei Dobretae, gegenüber Turnu Severin, ließ er eine steinerne Brücke mit zwanzig Stützpfeilern und einem Überbau aus Holz über die Donau schlagen. So war sommers wie winters eine im Ernstfall erforderliche schnelle Querung der Donau möglich. Römische Truppen der Donaulager von Moesia Superior konnten im Eiltempo römischen Kräften in Dakien im Bedrängnisfall zur Hilfe eilen; auch Überschwemmungen waren nun nicht mehr hinderlich.

Die Niederlage ließ Decebalus keine Ruhe, nicht nur in Gedanken und im Untergrund sondern auch für Rom sichtbar, tat er alles, um die Scharte auszuwetzen.

Die Waffen, die er ausliefern sollte, lieferte er nicht aus, im Gegenteil, D. stockte seinen Bestand auf.

Überläufer nahm er bei sich auf. Weiterhin kam es zu Überfällen auf Nachbarn. Den römischen Kommandanten nahm er höchst provozierend als Geisel, setzte ihn gefangen und verlangte die Rückgabe des an Rom abgetretenen Gebiets.

Mit Truppenteilen überquerte er die Donau nach Süden und terrorisierte die Bevölkerung Moesiens.

Rom, bis aufs äußerste gereizt, musste reagieren und tat es auch, dieses Mal mit dem Ziel der endgültigen Unterwerfung Daciens und „Degradierung".

Kaum hatten die Römer die Donau überschritten, unterwarf sich ein großer Teil der Daker. Decebalus war geschwächt.

Im Jahre 106 n. Chr. drang T. mit zwei Armeen in Dakien ein und marschierte stracks gegen Sarmizegetusa.

Der verzweifelte Versuch des Decebalus, T. durch Überläufer aus dem Wege zu räumen, um die römischen Kräfte dadurch ihres Führers zu berauben und zu demoralisieren, scheiterte.

Auch durch eine mögliche Rückgabe einer hochwertigen Geisel kam Decebalus seinem Ziel, möglichst ungeschoren davonzukommen, nicht näher. T. eroberte die Hauptstadt Dakiens. T. siegte, D. verübte im Jahr 107 n. Chr. Selbstmord.

Dio Cassius schreibt:

„Den bedeutendsten Krieg aber hatten die Römer in dieser Zeit gegen die Daker zu führen. Ihr König war damals Decebalus; denn Duras, der die Herrschaft innehatte, trat sie freiwillig dem Decebalus ab, weil er ein gewaltiger Mann war, sowohl was Einsicht in das Kriegswesen, als auch was eigene Tatkraft betrifft.

Stets wusste er den rechten Augenblick zum Angriff, stets die rechte Zeit zum Rückzug, voll schlauer Kunst, wo ein Hinterhalt zu legen, von tapferer Hand, wo eine Schlacht zu schlagen war; er verstand es trefflich, den Sieg zu nutzen, trefflich, eine Niederlage folgenlos zu machen. Daher war er auf lange Zeit den Römern ein gleichwertiger Gegner."

Dakien als Land, Staat hatte zu diesem Zeitpunkt einen verhältnismäßig hohen Entwicklungsstand erreicht, sich stetig weiterentwickelt. Politisches und wirtschaftliches Leben waren organisiert; die Soldaten waren hochgerüstet, diszipliniert, gut ausgebildet.

Dakien verfügte über qualifizierte Verteidigungsanlagen.

Die Daker waren des Schreibens kundig, beherrschten die griechische wie die lateinische Sprache. Nun kam es zur Umkehr, zum Abstieg, Dakien musste von Rom das Schlimmste befürchten.

Vae Victis!

Trajan war nicht zimperlich, er machte keine halben Sachen.

Trajan deportierte schlicht die Bevölkerung D's, sie kam entweder nach Rom oder sie wurde in Provinzen südlich der Donau umgesiedelt.

Nur verschwindend geringe Teile verblieben, sprachen sogar ihre Landessprache.

Damit war das Schicksal des dakischen Volkes besiegelt, die dakische Zivilisation hatte quasi aufgehört zu existieren.

Fremde Siedler fanden in Dakien eine neue Heimat, ob glücklich, bleibt dahingestellt. Dakien musst funktionsfähig bleiben, sollte es für Rom weiterhin von Nutzen sein.

Und es war zudem leichter zu führen. Ob sie militärische zu halten war, ist fraglich – zumindest bei offenen Flanken.

Zum Dank und zur Ehre wurde dem Trajan im Jahre 113 n. Chr. auf dem neuen Trajansmarkt in Rom die Trajanssäule errichtet, ein beredtes Zeugnis aus Stein.

Dakien erhielt zwar römische Legionskräfte als Besatzung, doch eine Einrichtung einer Grenzverteidigungslinie erfolgte nicht. So blieb die Donau zunächst de facto Verteidigungsgrenze, sprich militärische Grenze nach Norden.

So hatte Trajan das römische Reich noch einmal erheblich ausgedehnt, er gründete dann die Provinz „Dakien".

Obwohl Dakien hinzugewonnen worden war und sich deshalb das Grenzgeschehen weiter nach Norden bis an die Karpaten verlagert hatte und Trajan damit einen Teil der Augusteischen Vision von der Vorverlegung der Rhein-Donau-Grenze realisiert hatte, bedurfte es im Bereich Ober- und Niedermoesiens an der mittleren und unteren Donau weiterhin der Absicherung der bis dahin gültigen römischen Reichsgrenze, der Donau.

Die ältesten Legionslager Moesiens (Moesia Superior) finden sich bekanntlich in Singidunum (Belgrad) und in Viminacium (Kostolatz). Für das Lager Moesia I in Viminacium ist die VII Legion Claudia bezeugt; V. erhielt kurze Zeit darauf durch Hadrian italisches Stadtrecht.

Den Legionslagern folgte und drang somit nach Osten vor, die römische Zivilisation.

In der Provinz Thracien, die T. stark förderte, wurden Leben und Kultur hellenistisch beeinflusst, dies galt auch noch für den Nordabhang des Haemus, der verwaltungstechnisch zu Moesien gehörte.

Trajan gründete folgende Städte:

Nikopolis	an der Jantra
Marcianopolis	unweit Varna

Ganz besonders wird sich T. nun der Festigung der Reichsgrenze im Gebiet der Donau gewidmet haben. Dies wurde erreicht durch Anlage weiterer wichtiger Legionslager im Bereich Niedermösiens.

Novae (Svischtova)	Leg I	Italica
Durostorum (Silistra)	Leg XI	Claudia Pia Fidelis
Troesmis (Iglitza/Galatz)	Leg V	Macedonia

Zwischen den Lagern entstanden 14 Kastelle, Städte, Neugründungen nach italischem Muster.

Ratiaria	Leg XIII	Gemina
zzgl. Legionslager		
Oescus	Leg V	Macedonia
zzgl. Legionslager		(zuvor in Dacien 110 n. Chr., nach Oescus Verlegung nach Troesmis)

Daneben erfuhr der unbedingt notwendig gewordene Straßen- und Wegebau einen nicht unbeträchtlichen Aufschwung.

Die ältesten Meilensteine, die bis dato aufgefunden wurden, stammen aus der Zeit Hadrians.

Als weitere Sicherungsmaßnahme Trajans im Gebiet nördlich der Donau ostwärts Dakiens zwischen den Flüssen Pruth und Dnjestr wird eine zweifache Sperrlinie aus dieser Zeit in Kartenwerken erwähnt. Nördliche Römerschanze wurde angelegt zwischen Leova/Pruth und Bender/Dnjestr.

Südliche Römerschanze wurde angelegt zwischen Mastokani/Pruth und Geskipolos/Dnjestr.

Ein weiterer Wall Trajans wurde zwischen Cerna Voda/Donau und Constanta/Schwarzes Meer südlich des Donaudeltas errichtet.

Nach dem Grundsatz „keine Sperre ohne Sicherung" werden auch hier römische Kräfte vor Ort gewesen sein, entweder Teilkräfte von Troesmis oder Kräfte verbündeter Völkerschaften.

Nach heutiger Benennung sind die Moldau, die südliche Hälfte Bessarabiens und die Wallachei dem römischen Reich zugehörig gewesen, will sagen große Teile des Gebiets ostwärts und südostwärts Dakiens – bis hin zum Schwarzen Meer.

Inwieweit „Rom" dort tatsächlich durch Militär, Zivilisation und Kultur stattgefunden hat und für wie lange dürfte fraglich sein, römischer Einflussbereich hingegen war es sicherlich.

Dazu ein Hinweis bezüglich der Landschafts- bzw. Gebietsbezeichnung „Wallachei"; Als Erklärungsversuch einer Deutung dieser Benennung soll ein Auszug aus dem Geschichtswerk „Constantinopel, mit ringsumliegenden Meeren und Landen" (Erstausgabe 1688 zu Augsburg) dienen:

„Dieses Fürsthenthum die Wallachei / hat zu Gräntzen gegen Morgen die oeden Braclanischen Felder / gegen Mittag die Moldau / gegen Abend Sibenburgen / und gegen Mitternacht Podolien. Dieses Land war von dem Römischen Feld-Herrn Flacco in römische Devotion gebracht. Und nach seinem Namen Flaccia genannt / welcher Nam von uns Teutschen Wallachi außgesprochen wird /."

Bei diesem genannten römischen Feldherrn „Flacco" dürfte es sich aller Wahrscheinlichkeit nach um den Kommandeur der beiden Rheinarmeen zgl. Statthalter in dem Jahre 69 n. Chr. Hordeonius Flaccus gehandelt haben, der zuvor ein entsprechendes Amt in Moesien innegehabt haben müsste. Im Jahr 69 n. Chr. wurde er, hochbejahrt, in Novaesium/Rhein erschlagen.

Als die Bedrohung der römischen Provinzen Ober- und Niedergermanien durch germanische Völkerschaften von ostwärts des Rheins vorübergehend abnahm und erhöhten Einsatz von Legionen an der Rheingrenze entbehrlich machte, wuchs in gleichem Atemzug der Bedarf an Kräften an der Donaufront.

Zur Zeit Vespasians wird man vermutlich noch mit sechs Legionen an der Donaugrenze zurechtgekommen sein.

Der Bedarf erhöhte sich bereits unter Domitian, besonders aber unter Trajan. Auf den Bedarf wurde eingegangen, die Zahl der zur Verfügung gestellten Legionen wuchs zusammen mit dem Grundbestand auf zehn.

Infolgedessen wurden die Kommandanturen Pannoniens und Moesiens zunächst um drei auf fünf erweitert und zwar durch Teilung Pannoniens und Teilung Moesiens, geschehen unter Domitian und Trajan.

Als letzte und fünfte erfolgte die Einrichtung der dakischen Kommandantur. Ob sich durch die Teilung der Provincia Dacia in zwei bzw. später drei Provinzen, nämlich Dacia Superior, Dacia Inferior und Dacia Porolissensis, Apulensis und Malvensis weitere Einrichtungen von Kommandanturen ergaben, ist fraglich, da man schließlich alle wieder zu einer Provinz umwidmete.

Nachdem Dakien nun im Jahr 106 n. Chr. durch Trajan vollständig und abschließend erobert worden war, erfolgten Deportation und Ausbeutung, gefolgt von „Romanisierung" wie wir bereits oben gelesen haben, beinahe wie üblich.

Der Ausbeutung unterlagen in besonderer Weise die Goldgruben, die damit auch den Schwerpunkt des wirtschaftlichen Einwirkens Roms in die neue Provinz darstellten.

Im Bereich der Goldgruben siedelten sich die Römer vorwiegend an, nachdem sie die dakische Bevölkerung „ausgesiedelt" hatten.

Damit auch das übrige Leben seinen Fortgang fand, die Provinz funktionierte und für Rom „Übliches" weiterhin abwarf, mussten weitere Neusiedler nach Dakien umgesiedelt werden, nolens, volens, die Wahl Roms war auf Bevölkerungsteile Unteritaliens gefallen.

Sie dürften – wie gesagt – im Bereich der Goldgruben aber auch im nördlichen Teil Dakiens angesiedelt worden sein, wo die Masse der Militärkräfte zur Sicherung eingesetzt wurde.

Bekanntlich waren die Legionen teilweise autark, bedurften jedoch in anderen Dingen wie Lebensmitteln und Waffenproduktion der Zuarbeit durch Zivilisten in naher und mittlerer Umgebung.

Die Lage der Einsatzorte der Legionen für Dakien ergab sich aus den an der Donau stationierten Kräften.

Der südliche Teil Dakiens, Dacia Inferior, erfuhr im Bedarfsfall Schutz durch die in Singidunum, Viminacium, Ratiaria und Oescus vorgehaltenen Legionskräfte. Diese waren schnell genug vor Ort, um gefahrenabwehrend im südlichen Teil Dakiens tätig werden zu können.

Auch konnten sie die von Norden nach Süden verlaufende Sicherungslinie von Einzelkastellen im Bereich von Dacia Inferior gegen Vorstöße von Roxolanen und Goten verstärken.

Den Nordteil Dakiens erreichten sie im Prinzip im Bedarfsfall nicht zeitgerecht, somit bedurfte Dacia Superior der Einrichtung von Legionslagern mittels derer Kräfte Aufständen im Landesinneren bzw. Einbrüchen im Grenzgebiet im Nordwesten, Norden und Nordosten begegnet werden konnten. So wurden Legionskräfte vermutlich zunächst nach Apulum und Porolissum verlegt.

Kastelle wurden an möglichen Brennpunkten eingerichtet, wie in Gherla, Augustia, Cumidava und ein weiteres am Fluss Alutus (Dacia Superior) sowie in Castra Traiana und Pons Aluti (Dacia Inferior).

Es folgten auch hier an der Donau und in Dakien mehrere Jahrzehnte des Friedens, des Aufblühens des städtischen Lebens, gewährleistet durch die Nachfolger Trajans, durch Hadrian und Pius.

Legionskräfteverteilung an der mittleren/unteren Donau und in Dakien unter Trajan/Hadrian:

Zuerst Grundsätzliches: Eine gesicherte Zuordnung der Legionen über einen bestimmten Zeitraum zu einem Standort in der damaligen Zeit ist heutzutage nahezu unmöglich, da lagebedingt Legionen versetzt, aufgelöst, aufgerieben, zusammengelegt, mehrfach dieselbe Bezeichnung trugen, neu aufgestellt wurden. Überdies entstanden neue Standorte, bestehende wurden aufgelassen.

Zuguterletzt sind diesbezügliche schriftliche Unterlagen vernichtet oder sonstwie verloren gegangen.

So gibt es nur wenige Fixpunkte, wie z. B. Grabsteine, Legionsziegel, Scherben, Schriftstellerische Darstellungen, die etwas Licht ins Dunkel der Vergangenheit der einzelnen Legionen bringen können, um deren Dasein punktmäßig nachvollziehen zu können. Nun zu den Legionen:

Namentliche Bezeichnung der Legionen	Vermutliche Standorte
II Adiutrix	Aquincum
IV Flavia, II Traiana	Singidunum
VII Claudia	Viminacium
XIII Gemina	Ratiaria
V Macedonia	Oescus
I Italica	Novae
XI Claudia Pia Fidelis	Durostorum
V Macedonia	Troesmis

Kastellanlagen Donau

- namentlich genannte:
  Pontes Romula
  Novae
  Noviodunum
  Aegyssus

- namentlich nicht genannte:
  10 Kastelle

Dakische Legionen

Namentl. Bezeichnung	Standort
Unbekannt	Porolissum (vorübergehend)
Unbekannt	Potaissa (z. Z. des Severus)
I Adiutrix	Apulum
	114 n. Chr. verlegt in den Orientkrieg
XIII Gemina	Apulum
	116 Chr. – 270 n. Chr.

Kastellanlagen Dakien

- <u>namentlich genannte:</u>
  Gherla, Augustia, Cumidava, Castra Traiana, Pons Aluti
- <u>namentlich nicht genannt:</u>
  1 Kastell am Alutus Fluss

Die dakische Hauptstadt Sarmizegetusa (Gradiste) wurde unter Trajan römische Kolonie mit dem Beinamen Ulpia Traiana, später Metropolis. Als kulturelles Zentrum verfügte sie über Mithraeum, Tempel Nemesis, Forum, Amphitheater, Aquaedukte, Villen, Nekropolen.
In der Stadt „Tropaeum Traiani" bei Adamklisi wurde Trajan zu Ehren ein Siegesdenkmal im Jahre 108 n. Chr. errichtet. Tropaeum Traiaini wurde unter Severus municipium.
Porolissum wurde erst später municipium und besaß Tempel, Thermen, Amphitheater, entwickelte sich zum Handelszentrum für italische Kaufleute und solche aus dem Osten.
Apulum blieb fortdauernd Legionsstandort.

Zum Ende der Herrschaft Trajans, 117 n. Chr., standen aufgrund der relativ beruhigten Lage am Rhein vier Legionen, an der immens gefährdeten Donaufront inzwischen zwölf inklusive der drei Legionen, die in Dakien eingesetzt waren.
Die unter Augustus an der Ostgrenze dienenden vier Legionen in Syrien, Judaea und Kappadokien waren um zwei auf nun insgesamt sechs verstärkt worden.
Das Ergebnis der traianischen Feldzüge konnte sich sehen lassen, kolossal für die Römer, fatal für die Daker. Da war zunächst die Ausbeute an Menschen, die vermutlich in hoher Zahl zu Sklaven wurden und auf diese Weise das römische Staatssäckel durch Verkauf auffüllten.
Rund 50000 Daker sollen den Weg in die Sklaverei angetreten haben.
Die Summe des erbeuteten Goldes betrug 5 Millionen Pfund, die des Silbers 10 Millionen Pfund. Diese Zahlen fußen auf dem Bericht des Arztes des Trajan, Titus Statilius Crito.
Dass der Abbau von Gold- und Silberadern in den jeweiligen Minen fortgesetzt wurde, versteht sich.

Die Eroberung Dakiens unter Trajan sowie die Besetzung weiterer Gebiete im Osten der Türkei und im heutigen Nahen Osten, sprich Armenien, Assyrien und Mesopotamien, führten zu der größten Ausdehnung des römischen Reiches überhaupt (s. Abbildung).

Schnell merkte jedoch Trajans Nachfolger Hadrian, dass sich sein Vorgänger übernommen hatte und die „Dreistromgrenze" hier nicht zu halten war. Weniger ist mehr, welch weise Einsicht.

Hier nun begann im Prinzip der Einbruch in die römische Vorstellung vom Aufbau und Bestehen des römischen Imperiums.

Größte Ausdehnung des römischen Reiches (unter Kaiser Trajan 117 n. Chr.), Quelle: Roma Victor

Kamen keine Sklaven und keine Edelmetalle ins Land, war die Staats- und Wirtschafsform, die auf diesen Stützen ruhte und darüber hinaus die Fortentwicklung der Technik vernachlässigte, zum Einknicken verurteilt.

Irgendwann gab es keine weiteren Eroberungen mit automatisch hereinströmenden Sklaven und Unmengen von Gold und Silber, weil zu eroberndes Gebiet einfach zu weit entfernt vom Zentrum des Imperiums war und Rom das nicht mehr leisten konnte.

So war denn ein Zurücknehmen und gesichertes Halten des zuvor Erreichten das Gebot der Stunde.

Rom musste umdenken, auf Machbares schrumpfen.

Hadrian entließ die drei zuletzt eroberten Provinzen aus dem Römischen Imperium und stabilisierte zuvörderst die Donaugrenze.

Hadrian unternahm folgendes:

Ausbau und Erweiterung des Limes, der in Grenznähe angelegten Straßen und Wege, die Forts, Stellungen, Befestigungen sowie Alarmposten untereinander verbanden und die ein Zuführen von Reservekräften aus der Tiefe an die Front und entlang der Front im Bedarfsfall ermöglichten.

Einsatz von technischen Sperren war schon damals kräftesparend, was die Römer immer nötig hatten, da einfach zu wenig Legionen für die gestellten Aufgaben vorhanden waren.

Mehr und mehr wurden germanische Einheiten in die Reichsverteidigung einbezogen, was nicht immer problemlos war.

Aber damit mussten die Römer leben, sie konnten es, ja irgendwann wurde es gängige Praxis.

In Zukunft sollten germanische Führer bis in höchste Positionen aufsteigen, Kaiser ein- und absetzen, auf den Trümmern des weströmischen Reiches germanische Reiche gründen.

Doch in diesen Dimensionen dachte zu diesem Zeitpunkt natürlich noch niemand, immerhin stand Rom auf seinem Zenit, den es noch lange Zeit zu halten in der Lage war, wenn es auch schwieriger wurde.

Damit die barbarischen Einheiten vorerst im Sinne Roms spurten, Nutzen brachten, war eine gewisse Vorsicht geboten.

Man setzte sie u. a. fern ihrer Heimat ein, gemischt mit weiteren Volksstämmen, geführt durch römische Kräfte.

2.3 Antonius Pius, Marc Aurel, Commodus (Antonine)

Neben Dakien, wo es Trajan gelang, die Vorstellung des Augustus von der Vorverlegung der Elbe-Donau-Grenze gemäß der Vorgabe der Beckenreihe entsprechend in etwa umzusetzen, scheint dies auch in der zweiten Hälfte des 2. Jahrhunderts unter Marc-Aurel im Gebiet nördlich von Noricum und Pannonien auf dem Nordufer der Donau zu gelingen, nämlich im dortigen Bereich der Bojohaemi, dem Gebiet der Markomanni und Quadi.

Dazu wird überliefert im Geschichtswerk „Deutschland vor drei Jahrhunderten": „Die Marcomanni sind die Mährer. Die Quadi waren unterhalb dem Silva Hercynia, biß an den Berg Lunam, da nun die Städte Cham, Kalmütz, Grafenaw liegen. Innerhalb dem Wald Luna hielte sich auff das mächtigeVolk die Bojohaemi, so vor zeiten der Maroduuus in den Römischen Kriegen berühmt, beherrschete ..."

Desweiteren wird „Die Markgrafschafft Mähren" wie folgt eingangs beschrieben:

„An das Königreich Böhmen stöst, wie gemelt, gegen Occident das Landt Moravia oder Mähren: hat seinen Nahmen von dem Fluß Morava oder Marhe, so durch das gantze land hindurch fleust: wurde / dieweil es die Gräntzen des Teutschen Landes an dem orth / da man auf der Donau in Osterreich kompt / beschleust und endet / von den Alten Marcomannia genant / sintemal das wort Limes bey den Teutschen ein Markscheid bedeut / davon dann die jenige / so darinnen gewohnt / Marcomanni, das ist, Inwohner der eussersten Gräntzen oder Marck genant worden seynd."

Arrianus aber sagt von jenen also: „Die letzte und eusserste unter diesen Völckern seind die Quadi und Marcomanni, nach denselbigen die Jazyges, als sarmatische Völcker, zum dritten die Getae, und dann zum vierdten ein grosser Theil der Sarmaten selbst.

Das aber das älte Mährenlandt der Marcomannorum Sitz und Wohnung gewesen / bezeugen die alte Müntzen der Römischen Keyser / deren die Bauren in den äckern offtmahls viel gefunden / und unter denselbigen sonderlich des M. Antonini, von welchem die Historien melden / er habe dieses Volck überwunden: Und wer diese Müntz sonderlich ein Raub und Beuth von den Feinden mit dieser Überschrifft: De Marcomannis."

Bezüglich der Örtlichkeiten von Auseinandersetzungen und Fundstellen von römischen Münzen der römischen Kaiser des 2. Jahrhunderst wird folgendes ausgesagt:

„Die Hama ist zwar ein gering Wässerlein und keiner besonderen Tieffe / bekompt jedoch denen äckern / so in gantz Mähren für die fruchtbarste gehalten / und demnach das Marck des gantzen Landes genant werden / mit jhrer ….. sehr wol / in welchen äckern man sonderlich das M. Antonini, Commodi, und anderer Römischer Keyser güldene und silberne alte Müntzen mehr als in allen andern zu finden pflegt, darauß dann die Kriege zwischen den Römern unnd Marcomannen in diesem Landt gehalten, glaubwürdig werden bezeuget…"

Über das Land Böhmen, in das Marbod mit seinem Volksstamm im Jahre 9 v. Chr. zog, nachdem er auf Druck der Römer das Siedlungsgebiet am mittleren Main verlassen hatte, wird folgendes berichtet:

„Die Landschafft Böhmen / welche mit Teutschlandt umbgrentzet / ist gegen Mitnacht gelegen / Ungern ist ihr gegen auffgang / Baieren gegen Mittag / die Nörtgöwer aber gegen Nidergang. Wirt rings umbher mit dem hartzwalt, gleich wie mit einer natürlichen mawr umgeben.

Die Elbe fleusst mitten durch diß Landt / aber es übertrifft der fluß Mulda / der selb fleusst durch die vornembste un Hauptstatt des gantzen Königreichs Prag / welche von Anentino Bubienum unnd Marobudum / von Ptolemeo aber Casturgis genant wirt ...“

Wie bekannt, zog sich Marbod mit seinem Stamm aus den angestammten Sitzen am Main 9 v. Chr. zurück in das Gebiet der heutigen Republik Tschechien, mit dem böhmischen Landstrich im Westen und dem moravisch/mährischen Teil im Osten, und errichtete dort sein neues Reich.

Zwischen Marbods Reich und dem Nordufer der Donau liegen, der heutigen Republik Österreich zugeordnet, das Mühlviertel, das Waldviertel und das Weinviertel. Es ist davon auszugehen, dass dieses Gebiet bereits zu Römerzeiten als taktische Pufferzone galt und unter römischen Einflussbereich, in Teilen unter römischer Herrschaft war.

Während die Markomannen Pannonien gegenüber hauptsächlich in dem Teilgebiet Moravia ihren Sitz hatten, grenzten daraus im Osten, in der heutigen Slovakischen Republik und im Donau-Theiss-Abschnitt der Republik Ungarn die Quaden und Jazygen.

Zur Donau selbst wird in o. a. Geschichtswerk folgendes ausgesagt.

„Ist nach des Sallustii ….. nächst dem Nilo unter allen Wässern / so in das Euxinische Meer hinein fliessen / das gröste: Hat jhren Ursrpung im Schwartzwaldt in dem Dorf Dohn Eschingen genant /…

… (und) wird unterwegs durch hinzufließende Wässer / deren 60 gezelt werden / unnd der halbe theil Schiffreich / je länger je grösser / fleust durch viel unterschiedliche Länder / als Schwaben / Beyern / Ungarn / Wallachey und Bulgaria hindurch / und stürtzt sich endlcih / nach da Plinii meynung 6 / und nach des Ammiani …7 /…

… über dieses Wasser hat Trajanus Nerva in dem Landt Sirsy oder Wossen eine künstliche Brücke lassen auffrichten / welche nachmals von Adriano wiederumb ist abgebrochen worden…“

In dem Werk „Niedersachsen, Hamburg und Bremen auf alten Landkarten" finden sich über die ehemaligen römischen Provinzen am Südufer der Donau und den germanischen Völkerschaften nördlich der Donau folgende Beschreibungen:

Norici

„Noricum nimpt seinen anfang bey dem fluß Oeno, und erstrecket sich gegen Orient biß an Pannoniam Superiorem, gegen Mittag ligt der Berg Carvanea, und die Alpes Norici biß an Italiam, gegen Septentrion anitzo wirdt das Landt von der Donau beschlossen / …. Aber wohnen gegen Niedergang die Bavari, gegen Auffgang ligt das Landt Ob der Ens / oder ober Oesterreich / das seinen Nahmen von dem Fluß Anasso hat bekommen.
Gegen Mittag ist die Steyermarck.
In den Alpibus wohnen die Carnici und Croaci oder Krabaten, ein Schlawonisches Volck. Die Stätte in Norico seindt gewesen Pons Oeni da nunmehr Altenhohenau / Bidajo, Juvavum, Saltzburg, Aredata, Lintz."

Pannonii

„Pannoniam theilet Ptolemaeus in das obere und untere Pannoniam: in jenem liget heutiges tages Osterreich / Steyermarck / Kärnten / Krain / in diesem ligt das Königreich Ungern. Die Stätte in jedern seindt / Juliobona, Wien und andere. In dieser Vimundria, Salinum, Ofen / ….
Über Noricum und Pannonien berichtet C. Plinius Secundus d. Ä. in seinem Werk „Naturkunde" wie folgt:
„Im Rücken der Karner und Japuden, wo der große Hister fließt, schließen sich an die Räter die Noriker an. Deren Städte Virunum, Celeia, Teurnia, Aguntum, Juvavum sind alle claudische, eine flavische ist von Solva.
An die Noriker grenzen der See Pelso und die Einöden der Boier; diese werden jedoch jetzt von Savaria, einer Kolonie des vergöttlichten Claudius, und von der Stadt Scarbantia bevölkert.
Darauf folgt der eicheltragende von Pannonien, wo die Alpenhöhen niedriger werden und mitten durch Illyricum von Norden nach Süden gewandt sind, rechts und links in einen sanften Abhang auslaufen.
Der Teil, der zum Adriatischen Meer hin blickt, heißt Dalmatien, und, wie oben erwähnt, Illyricum; nach Norden erstreckt sich Pannonien.

Es wird von da an vom Danuvium begrenzt. Innen liegen die Kolonien Emona und Siscia.

Bekannte schiffbare Flüsse münden inden Danuvius: der ziemlich reißende Draus aus dem Norischen, der sanftere Saus aus den Karnischen Alpen, in einem Abstand von 120 Meilen."

Nach der Neuordnung erfolgte zunächst in Pannonien, danach in Ober- und Unterpannonien eine aufstrebende Entwicklung. Bodenständige Sitten und Gebräuche waren Grundlage für eine eigenständige Kultur, die mit Einflüssen Roms und Athens bereichert wurde.

Als bedeutende Stadt ohne Grundlage eines Castrums wuchs Scarbantia / Sopron empor. Zwei Punkte gaben der Stadt die Möglichkeit zum Aufstieg, die ergiebigen Erzvorkommen zum einen sowie die örtliche Lage an der überregionalen Bernsteinstraße von der Ostsee an die Adria zum anderen, belegt durch zahlreiche Bernsteinfunde aus Grabbeigaben.

Diese Anziehungskraft war Grund für den Zugang von kaufkräftigen Bürgern, Veteranen wie Kaufleuten aus Aquileia.

Unter den Flaviern erfolgte die Erhebung zum Municipium, was für viele Teile der Bevölkerung die Erteilung des römischen Bürgerrechts beinhaltet.

Die Blütezeit im 2. Und 3. Jahrhundert führte zu zahlreichen prächtigen Bauten wie Kapitol, Therme, Amphitheater und Heiligtum für die Göttin Nemesis.

Überreste wurden wie überall durch spätere Stadtanlagen überbaut. In Unterpannonien hatte sich Aquincum als Hauptstadt etabliert. Am Donauknie, an der mittleren Donau gelegen, spielte es eine bedeutende Rolle als Legionslager.

Unter Kaiser Hadrian wurde es Municipium, im Jahr 198 n. Chr. zur Kolonie erhoben; seine Blütezeit hatte es im 2. und 3. Jahrhundert.

Eine Bürgersiedlung verfügte über Therme, Forum, Tempel, Basilika, Amphitheater und Macellum (Markthalle). Das Lager hatte ebenfalls Therme, Amphitheater. Eine Militärfestung, Transaquincum, am Nordufer der Donau, existierte bis ins 4. Jahrhundert.

Eine kurze Standortbestimmung, ein Rückblick erscheint angebracht.

Die Vision der Ausdehnung des Imperiums über die Dreistromgrenzen, Rhein, Donau und Euphrat hinaus, die Caesar beflügelte und durch ihn auch verfolgt wurde, fand in Augustus zunächst eine Nachfolge und den Versuch der Verwirklichung.

Durch eingetretene Misserfolge auf das Machbare zurückgeschraubt, verfolgte Augustus am Ende seiner Regierungszeit folgendes:

Er legte schlicht Gewicht auf Sicherung und Romanisierung der bereits in Roms Besitz befindlichen Gebiete. Hinsichtlich der Donau verfügte er, die nördliche Reichsgrenze bis eben zu diesem Fluss vorzuverlegen.

Tiberius und Drusus eroberten in diesem Sinne das spätere Vindelicien, Sitz und Lebensraum der Vindeliker.

Das Gebiet bis zur mittleren Donau unterwarfen sie in zähen Kämpfen gegen Dalmater und Pannonier.

Tiberius versuchte 6 n. Chr. im Verbund mit Sentius Saturnius Marbods Reich in Böhmen und Mähren dem Imperium einzuverleiben, musste dieses Vorhaben jedoch wegen des pannonischen Aufstands aufgeben.

Unmittelbar nach Aufgabe dieses Plans schlug Tiberius in dreijährigen Kämpfen den Aufstand der Pannonier und Dalmater in den Jahren 6-9 n. Chr. nieder – mittels massiver Kräfte (fünfzehn Legionen).

14 n. Chr. im Anschluss an den Tod des Augustus, flammte an der Donau eine Meuterei unter drei im Sommerlager befindlichen Legionen auf, Tiberius schlug den Aufstand nieder.

Unter Claudius erfolgte eine weitere Phase der Sicherung der Provinzen an den Grenzen des Reichs, an der oberen Donau errichtete man die ersten Kastelle.

Die Geschehnisse an der Donaufront während der Regierungszeiten der Kaiser Vespasian, Domitian und besonders Trajan sind weiter oben geschildert.

Hadrian handelte ganz im Sinne der letzten Erkenntnis und Maxime des Augustus bezüglich weiterer Eroberungen für das Römische Reich. Er lenkte den ungestümen Vorwärtsdrang seines Vorgängers Trajan in machbare, ruhige und geordnete Bahnen, will sagen, Konsolidierung des Erreichten.

In Teilgebieten ging er noch einen Schritt weiter. Die dazu eroberten Reichsteile Armenien, Assyrien und Mesopotamien gab er auf. Über den Zugewinn von Dakien war er nicht sonderlich erfreut, beließ es aber aufgrund der nicht zu unterschätzenden Bodenreichtümer beim Reich.

Antonius Pius verfolgt weiterhin eine defensive Strategie der Außengrenzen des Imperiums, hinsichtlich des Donaubereichs verfügt er den Einsatz von Klientelkönigen für die Quaden.

War es am den Grenzen bisher verhältnismäßig ruhig geblieben, so kam zur Zeit des Marc Aurel (161-180 n. chr.) erhebliche Unruhe in den Gebieten nördlich der Donau – Pannonien gegenüber – auf. Es rumorte bei Markomannen und Quaden, die nach Raetien und Noricum, die Donau querend, vorstießen, selbst gedrängt durch massive Bewegungen von germanischen Volksstämmen aus dem Inneren G. M's heraus.

Da Marc Aurel zur Abwehr nur geringfügig Kräfte zur Verfügung standen, kam es zu Einbrüchen.

Marc Aurel, verstärkt, schaffte es jedoch, die Eindringlinge über die Donau nach Norden zurückzudrängen, er setzte sogar zum Gegenstoß an. Die römische Planung sah, einen günstigen Verlauf dieses Unternehmens für Rom vorausgesetzt, sogar die Einrichtung zweier neu einzurichtender Provinzen in jenem Gebiet vor, Marcomannia und Sarmatia.

Und das hieße Expansion. Doch die Entwicklung verlief anders, die Kriegsgeschehnisse ließen die neue Provinzgestaltung nicht zu, überdies verstarb Marc Aurel.

Commodus, sein Sohn, folgte ihm nach, er zog sofort alle römischen Kräfte nördlich der Donau zurück, schloss Frieden. C. ließ starke Festungsanlagen an der Donau errichten.

Die erwähnten Auseinandersetzungen der Römer mit dem Markomannen und das anschließende Geschehen bedürfen genauerer Betrachtung und Wertung.

Das Gebiet, in dem die Römer sich bewegten, das sie seit langem besetzt und romanisiert hatten, ist zum einen die Provinz Noricum, oben bereits angesprochen.

Daran schließt sich Pannonien nach Osten an. Durch diese Provinzen erfolgte von Süden her nach Norden zur Donau hin die Bewegung von Mensch und Material.

Das verzweigte, inzwischen ausgebaute und erweiterte Straßennetz, fußend auf alten Handelswegen, gilt es zu betrachten.

Auf welchen Wegen kamen die Legionen an die Donau zu ihren Standorten, Lagern, Kastellen?

Wohlbemerkt, die Straßen waren auch den Markomannen und ihren benachbarten germanischen Völkerschaften bekannt, wurden im Kriegsfall handstreichartig besetzt und genutzt auf dem Durchmarsch zum Meer.

Auf den römischen Straßen marschierten sie, aus den römischen Städten holten sie sich, was sie benötigten und was ihnen gefiel.

Wir schreiben das Jahr 166 n. Chr., inzwischen sind 180 Jahre seit der Bezwingung und Besetzung Noricums durch römische Legionen vergangen. Städte, Straßen sind dementsprechend entwickelt, die Legionen stehen seit langem an der Donau. Basisstraße im noricumer Abschnitt sind die Via Claudia Augusta von Feltria nach Opitergium und die Via Postumia von Opitergium nach Aquileia.

Von dieser genannten Basisstraße auf dem Weg zur Donau musste die Dravestraße erreicht werden, ein erster Abschnitt der von Feltria, Concordia oder Aquileia erreicht werden konnte.

Der westliche Strang nach Norden führte von Feltria über Bellunum, Laebactes nach Littanum über den Kreuzbergpass, damit war man an der Dravestraße.

Der mittlere Strang führte von Concordia über Osopus, Larix nach Sauticum, wiederum war man an der Dravestraße. Der östliche Strang, wohl der bedeutendste, führte von Aquileia über Longaticum, Nauportus, Emona, Atraus, Celeia, Colatio, Jenna, anschließend die Drave überschreitend, nach Virunum.

Die Dravestraße verband die Städte Sebatum, Litanium, Aguntum, Teurnia, Santicum und Virunum.

Sie war praktisch die Basisstraße der Provinz Noricum. Speziell von Teurnia und Virunum gingen die Verbindungsstränge nach Norden zur Donautalstraße, an der die Legionslager eingerichtet worden waren.

Von Teurnia führte der Weg über Cuculla, Juvavum, Ovilava nach Lauriacum, womit die Donau erreicht war.

Lauriacum war Standort der Leg. II Italica in der Zeit von 165-217 n. Chr. Hier an der Ennsmündung war dem Kommandanten der Legion zgl. die Provinzstatthalterschaft als Amt übertragen. Lauriacum war zgl. Sitz des praefectus classis Lauriacensis.

Zur Unterstützung des Legionslagers Lauriacum wurden fünf Kastelle in der Provinz Noricum entlang der Donautalstraße eingerichtet. Westlich des Lagers entstand eine Zivilsiedlung.

Das von den Römern um 15 v. Chr. besetzte Gebiet wurde unter Kaiser Claudius während dessen Amtszeit zur römischen Provinz Noricum erhoben.

Unter Kaiser Diokletian erfolgte die Teilung in Noricum Ripense und Noricum Mediterraneum. Neben der oben erwähnten Legion erfolgte im 4. Jahrhundert noch die Aufstellung einer zweiten Legion, der Leg. I Noricum.

Auf Befehl des germanischen Herrschers Odoaker wurde für 488 n. Chr. der Abzug der Römer von der Donau in diesem Bereich angeordnet.

Von Virunum aus führte die Straße ebenfalls nach Norden und erreichte über Ovilava das bereits angesprochene Lauriacum.

Virunum war Provinzhauptstadt und somit Sitz der Verwaltung. Damit war die Donautalstraße im Bereich Noricum von Süden her von der Basisstraße über die Dravestraße auf zwei Routen erreichbar.

Die Donautalstraße verband folgende Ortschaften: Lentia, Lauriacum, Arlape, Namare, Aelium, Celium, Tricisaruum, Comagena.

An Noricum schloss sich, wie angesprochen, im Osten die römische Provinz Pannonia an. Nach Eroberung und Niederschlagung eines letzten großen Aufstandes der Pannonier wurde eine Provinz eingerichtet (9/10 n. Chr.).

Die Verteidigung der Donaugrenze erfolgte übe die Legionsstandorte Vindobona, Carnuntum, Brigetio und Aquincum. Zur Unterstützung in den Zwischenräumen entstanden zehn Kastelle am südlichen Donauufer.

Ausgangspunkt für Nachschub von Truppen und Gerät war Aquileia. Von dort führten drei Straßen Richtung Donaustandorte.

Im Westen führte die Versorgungsstraße von Aquileia über Emona, Celeia, Poetovio, Savaria nach Vindobona.

Das Legionslager Vindobona wurde um 100 n. Chr. in einer Größe von 18,5 ha (ausreichend für eine Legion à 5500 Legionäre) eingerichtet. Vindobona wurde Standort für die Leg. X Gemina; diese Legion wurde 93 n. Chr. in Batavodurum eingesetzt, dann wie gesagt in Vindobona, ab 104 n. Chr. erfolgte die Verlegung nach Aquincum.

Vindobona war auch zgl. Sitz eines Flottenkommandanten. Von Vindobona aus wurde, in Richtung Osten marschierend, der Standort Carnuntum erreicht.

Eine mittlere Route begann wiederum in Aquileia, führte über Emona, Celeia nach Poetovio an der Drave; von dort ging es weiter in nordostwärtige Richtung am Balaton-See vorbei nach Aquincum, von wo aus die Donautalstraße sowohl nach Westen Richtung Brigetio, als auch nach Süden zu den nächsten Kartellen an der Donau führte.

Eine ostwärtige Route führte von Aquileia über Emona, Celeia und Poetovio entlang der Dravetalstraße nach Südosten und erreichte über das Legionslager Mursa die Donau, um dann nach Norden abdrehend, die Kastelle am westlichen Donauufer bis zum Kastell Intercisa zu erreichen und zu bestücken – dem Bedarf an Legionären bzw. Material entsprechend.

Auf diesen geschilderten Routen also bewegten sich die Truppen von der Basis in Aquileia durch die Provinzen Pannonia Superior / Inferior an die Donaufront und zurück in die Etappe.

Carnuntum liegt zwischen den heutigen Gemeinden Petronell-Carnuntum und Bad Deutsch-Altenburg, gemeint ist das Legionslager mit einer Länge von 490 m und einer Breite von ca. 360 m.

Carnuntum entstand 15 n. Chr. als Holz-Erde-Lager, um 73 n. Chr. wurde es durch ein steinernes ersetzt.

Angebunden wurden ein Hilfstruppenlager, westlich gelegen sowie die canabae legionis (Lagervorstadt) mit Tempel, Amphitheater, Therme und Forum. Carnuntum selbst blieb jedoch auf Dauer ein Legionslager.

Trajan erhob die Zivilstadt zur Provinzhauptstadt zgl. Sitz des Statthalters, Hadrian erhob sie zur selbständigen Stadt, unter Aelium C. erhielt sie den Status eines Municipiums, unter Kaiser Septimius Severus endlich wurde sie Colonia.

Ostwärts C. lagen die Legionsstandorte Brigetio (Szöny) und Aquincum (Budapest). In A. befand sich ein Flussübergang über die Donau, selbstredend, dass die Römer Wert auf Besitz und Ausbau dieses so wichtigen Platzes legten. An den Hängen des Gellert Hügels entwickelte sich eine Siedlung, flussaufwärts wurde ein Lager für einen Auxiliarverband eingerichtet.

Später, unter dakischer Bedrohung, wurde der eingerichtete Stützpunkt durch ein Legionslager ersetzt.

Die anliegende Canabae entwickelte sich zur urbanen Siedlung.

Noch weiter flussaufwärts entstand einen Stadtanlage, die spätere Stadt Aquincum. Aufgrund seiner günstigen Lage an der wichtigen Handelsstraße nach Osten machte Aquincum relativ schnell „Karriere", unter Hadrian municipium, unter Severus colonia.

Im Jahre 103 n. Chr. wurde Pannonien unter Trajan in Pannonia Superior mit Carnuntum und in Pannonia Inferior mit Aquincum als Verwaltungssitz geteilt. Im Verlauf der Markomannenkriege litt die Gegend durch Kriegsverheerungen.

Anschließend blühte sie auf, Städte wurden ausgebaut.

Mit Beginn der Völkerwanderungszeit siedelten die Römer germanische und hunnische foederati an.

Im Jahr 433 n. Chr. trat Rom das Gebiet an die Hunnen ab, die Römerzeit fand hier ihr Ende.

Soweit die Schilderung der Infrastruktur der Provinzen Noricum und Pannonia wie sie für den Marsch der Legionen zu den Standorten an der Donau von Bedeutung waren,

Die in Gedanken künftige römische Provinz Marcomannia lag den Provinzen N. und P. gegenüber auf dem nördlichen Ufer der Donau.

In Markomannien hatte sich Marbod um die Zeitenwende ein neues germanisches Reich aufgebaut, nachdem er sich 9 v. Chr. aufgrund römischen Drucks aus der mittleren Maingegend nach Osten zurückziehen musste.

Ein erster römischer Versuch unter Tiberius/Saturnius im Jahre 6 n. Chr., sich M. einzuverleiben, wurde aufgrund des zeitgleich ausgebrochenen pannonischen Aufstands abgebrochen.

Während unter Antonius Pius eine gewisse Ruhephase an der Donaugrenze herrschte, war Marc Aurels Herrschaftszeit durch die Markomannenkriege geprägt.

Legionskräfte Marc Aurels an der mittleren Donau zur Zeit der Markomannenkriege:

1. **Nicht verfügbare Kräfte der Rheinlegionen**

   Es ist nicht davon auszugehen, dass Marc Aurel Legionen aus dem Westen des Reiches, sprich von der Rheinfront zur Unterstützung bekommen hat, weder im Notfall bzw. Kriegsfall noch für seine Eroberungspläne.

   Auch am Rhein war diesbezüglich kräftemäßig alles berechnet, so gab es mit Sicherheit keine Legion ohne Auftrag, außerdem würde ein relativ langer Anmarsch – Rückmarschweg und ungewisse Länge der Einsatzdauer ein Wegbleiben ergeben, was zeitmäßig nicht zu verkraften gewesen wäre.

   Und letztendlich hätte auch hier eine entblößte Front schnell germanische Kräfte auf den Plan gerufen.

2. **Verfügbare Kräfte der Legionen an der unteren Donau**

   Die Kräfte, die kurzfristig für begrenzte Unternehmungen abgestellt werden konnten, dürften die sein, die kurze Anmarschwege benötigten und daher auch wiederum schneller zurück sein konnten.

   Voraussetzung wäre aber auch hier Iststärke gleich Sollstärke und eigene Aufgabenerfüllung trotz Abgestellter möglich.

   Unter diesen Voraussetzungen kamen für Abstellungen die Standorte Obermösiens, nämlich Singidunum und Viminacium infrage.

   Man konnte diese Standorte stark belasten, d. h. Gestellung von jeweils 4-6 Kohorten oder aber als Alternative, man belastet trotz weiterer Entfernung alle Standorte der unteren Donau zwischen Singidunum und Troesmis mit der Abgabe von jeweils zwei Kohorten.

   Eine Abstellungszeitdauer dürfte sechs Monate exklusive An- und Rückmarsch nicht überschreiten. Die dakischen Legionen würden unangetastet bleiben müssen.

   Egal für welche Art der Abstellung man sich entschieden hatte, es würde auf alle Fälle eine einmalige bleiben.

   Marc Aurel wurde zugleich zur Auflage gemacht, sofort neue Kräfte in seinem Bereich auszuheben und postwendend mit der Ausbildung zu beginnen, so dass nach Aufhebung der Abstellung der Fremdkräfte sein eigener Nachwuchs eingesetzt werden konnte.

Zu bedenken ist auch der Umstand, dass die Donaulegionen aufgrund des Partherfeldzugs bereits Einsatzkräfte hatten abgeben müssen.

Zu bedenken ist zuguterletzt, dass die abgestellten Partherkräfte nicht in vollem Umfang zurückkamen, der Blutzoll forderte einiges.

Auch riss die wütende Pest viele Lücken in die Reihen der abgestellten und zurückgekehrten Legionäre.

Bekanntlich verfügte Marc Aurel über vier Stammlegionen, jeweils zwei in Pannonia Superior und Inferior.

Weitere Legionen wurden mit Kriegsbeginn zusätzlich aufgestellt.

Mögliche abgestellte Kräfte bleiben zunächst unbekannt.

Marc Aurels Legionen f. d. Markomannischen Krieg

Leg. III	Italica	Raetia
		Castra Regina (166 n. Chr.)
Leg. II	Italica	Noricum
		Lauriacum (165 n. Chr. – 217 n. Chr.)
Leg. XIII	Gemina	Pannonia Superior
		Vindobona (100 n. Chr.)
Leg. XIV	Gemina	Carnuntum (15 n. Chr.)
Leg. I	Adiutrix	Pannonia Inferior
		Brigetio (89 n. Chr.)
Leg. II	Adiutrix	Aquincum (82 n. Chr.)
Leg VI	Herculae	Teutoburgio (170 n. Chr.)
Leg V	Joviae	Burgenas (170 n. Chr.)

Fazit

Somit standen Marc Aurel für seinen speziellen Grenzabschnitt während der Markomannenkriege von 166 n. Chr. – 180 n. Chr. den vorliegenden Erkenntnissen nach 8 Legionen zur Verfügung.

Da sie im Prinzip als gut geschult zu bezeichnen sind, dürfte auch der Einsatz der erst kurzfristig zugeführten Legionen, Leg III Italica, II Italica, VI Herculae und V Joviae keine Probleme bereitet haben.

Ob in Poetovio und Emona noch Kräfte zur Verfügung standen, ist fraglich, da man anlässlich des Vormarsches der Markomannen um 170 n. Chr. auf dieser Route keinen Einsatz diesbezüglicher Legionskräfte vermeldet hat.

Fraglich ist weiterhin, ob die Legionslager Siscia und Mursia in Pannonia Inferior noch mit Truppen belegt waren, die hätten herangezogen werden können. Erkenntnisse liegen nicht vor.

Bewegungen germanischer Völkerschaften im Inneren GM´s berührten die Verhältnisse der nördlich der Donau im Bereich Böhmen und Mähren lebenden Markomannen und Quaden.

Diese wurden durch die von Norden herandrängenden germanischen Völkerschaften bedrängt und überquerten daraufhin ihrerseits zusammen mit ihren Bedrängern die Donau nach Süden in der Absicht, am rechten Donauufer neue Wohnsitze von den Römern zu erhalten.

Mehrfache Vorstellungen seitens der Markomannen, u. a. durch Ballomarius, blieben erfolglos.

Die Eindringlinge wurden mühelos zurückgedrängt.

Da Rom zur gleichen Zeit im Osten des Reiches in den Partherkrieg verwickelt war, wurde seitens Roms mit den Markomannen zunächst verhandelt.

Zusagen wurden nicht gemacht, die Verhandlungen zogen sich bis 165 n. Chr. hin, dem Zeitpunkt zu dem die Parther durch römische Gegenstöße bis Ktesiphon zurückgeworfen worden waren und der parthische Krieg i. Jahre 166 n. Chr. für die Römer erfolgreich beendet worden war.

Schlagartig überschritten in 166/167 n. Chr. 6000 Langobarden, Obier und Markomannen, Quaden die Donau nach Süden und brechen zwischen Brigetio und Aquincum durch. Römischen Kräften, Infanterie und Reiterkontingenten, gelang es, Einhalt zu gebieten, den germanischen Vorstoß aufzuhalten.

Die Eindringlinge wurden über die Donau nach Norden zurückgedrängt, dabei drangen römische Truppen bis tief in barbarisches Gebiet.

Doch das Blatt wendete sich, die Römer wurden verlustreich zurückgeschlagen.

Im Jahr 170 n. Chr. kamen Markomannen/Quaden erneut, überquerten bei Carnuntum die Donau, stießen mit geringen Teilen gegen Vindobona vor und drangen mit Masse der Kräfte in einem Zuge durch Pannonia Superior über die Julischen Alpen, Emona passierend, bis nach Aquileia und Opitergium vor, welches zerstört wurde.

Aquileia, mit Festungsmauern bewehrt, widerstand, da die Barbaren ohne Belagerungsmaschinen, die sie nicht besaßen und deren Technik sie nicht kannten, waren.

Belagern entsprach überdies nicht ihrer Art. Rom holte zum Gegenschlag aus, die Markomannen/Quaden wurden zurückgedrängt. Bei der Überquerung der Donau verloren sie ihr Hab und geraubtes Gut, viele zusätzlich ihr Leben.

Die Markomannen waren 172 n. Chr. überwunden, Marc Aurel erhielt den Siegestitel „Germanicus".

Im Jahr 175 n. Chr. folgte die Niederwerfung der Quaden, in Carnuntum schloss Marc Aurel mit ihnen einen Sonderfrieden.

Dort residierte Marc Aurel in einem Palastkomplex, hier verfasste er das 3. Buch seiner Selbstbetrachtungen. Marc Aurel übermittelt der Nachwelt wertvolle Lebenserkenntnisse, Vorstellungen.

Hoch zu Ross grüßt Kaiser Marc Aurel
(Quelle: Das römische Imperium)

Sie zu erkennen, zu durchleben, einfach und klar späteren Generationen zu überlassen und zugleich ein vorbildliches Verhalten vorzuleben, das ist sein Verdienst.

Zitat:

Drittes Buch, 1

„Nicht nur das muss man bedenken, dass mit jedem Tage das Leben verrinnt und ein immer kleinerer Teil von ihm übrig bleibt, sondern auch darüber muss man nachdenken, dass es, für den Fall, dass jemand länger leben sollte, doch unsicher ist, ob seine Denkkraft auch in Zukunft die gleiche bleiben und ausreichen wird, zum Begreifen der Dinge und zu der Betrachtung, die auf die Erkenntnisse der göttlichen und menschlichen Dinge gerichtet ist...."

Viertes Buch, 4

„Verzettele nicht den Rest deines Lebens mit Nachdenken über andere Menschen – falls du damit nicht in Beziehung auf einen gemeinnützigen Gedanken verbindest, denn sonst wirst du dadurch an einer anderen Arbeit gehindert, d. h. indem du dir darüber den Kopf zerbrichst, was der und der tut und warum er das tut und was er sagt und was er denkt und im Schilde führt und alle solche Fragen, die bewirken, dass man von der Beobachtung des eigenen Ichs abgelenkt wird. Man muss daher auch das ziel- und zwecklose in der Kette seiner Vorstellungen meiden, vor allem die Sicht, sich um fremde Dinge zu kümmern, die einen nichts angehen, und alle bösen Gedanken…"

W. Capelle schreibt dazu in der Einleitung zu Marc Aurels „Selbstbetrachtungen" folgendes:

„Aufzeichnungen, die er – daran kann im Ernst gar kein Zweifel sein – ausschließlich für sich selber verfasst hat, fern von Italien, an der Donau, während der Markomannenkriege, abends im Zeltlager, wenn der Tritt der Wachen einsam verhallte, wenn er außer sich nichts schaute als den gestirnten Nordhimmel und in sich dem Leben und Weben des eigenen Genius den geheimsten Regungen und Offenbarungen der eigenen Seele, lauschte…."

Gegen die Markomannen begannen 172 n. Chr. erneute Kampfhandlungen, in die dann schließlich auch die Quaden einbezogen wurden. Die Auseinandersetzungen zogen sich bis 175 n. Chr. hin. Marc Aurel schloss zu diesem Zeitpunkt rasch Frieden mit seinem Gegenüber, da er die Nachricht erhalten hatte, dass sich der Statthalter von Syrien, Avidius Cassius, zum Kaiser erklärt hatte.

Markomannien war am Ende, Kämpfe und Hungersnöte machten dem Land schwer zu schaffen.

Quaden wollten ihr Land verlassen, mussten aber weisungsgemäß bleiben und Landarbeit verrichten, um mit den Erträgen die Römer mitzuversorgen.

Jazygen kamen den Römern entgegen, blieben ungeschoren; sie galten als vereinnahmt.

Es fehlte lediglich an einer Proklamation seitens Roms, alles Erreichte behalten zu wollen. Marc Aurel eilt nach Syrien, doch ehe er dort eintrifft, wurde Avidius Cassius. bereits von eigenen Offizieren erschlagen.

Trotzdem setzt Marc Aurel seinen Marsch fort, um in Syrien die Dinge vor Ort ins Lot zu bringen.

Im November 176 n. Chr. kehrt er über Athen nach Rom zurück, das er acht Jahre nicht betreten hatte. 178 n. Chr. war Marc Aurel wieder zu einem weiteren germanischen Krieg aufgebrochen, auch diesmal war Rom an der Donau militärisch erfolgreich.

Als Bedingung legte Marc Aurel den Besiegten auf, zunächst zwei später eine deutsche Meile als Grenzstreifen nördlich der Donau freizumachen, zu räumen. In feste Plätze am nördlichen Donauufer ließ Marc Aurel römische Besatzungen in Stärke von 20000 Mann legen.

Wie schon im vergangenen Jahr griff Marc Aurel den alten Plan wieder auf, nördlich und ostwärts der Donau zwei weitere Provinzen für Rom zu erobern und einzurichten, Marcomannia und Sarmatia.

Dazu ließ Marc Aurel Einheimische von dort deportieren, wie es Tiberius in Germanien und Trajan in Dakien praktiziert hatten.

Sie fanden Verwendung als Hilfstruppen, einige wurden Siedler – mussten aber im Bedarfsfall Kriegsdienste leisten.

Zudem wurden an taktisch bedeutsamen Geländepunkten Legionen eingesetzt.

Es entstanden die Stützpunkte „Burgenas" am Westufer der Donau gegenüber der Theiss-Ebene mit der Leg. V Joviae und der Stützpunkt „Teutoburgio" mit der Leg. VI Herculae.

Am 17. März 180 n. Chr. war das Leben des großartigen Marc Aurel zu Ende, er starb im Heerlager Vindobona innerhalb von 7 Tagen an der Pest, den Schwarzen Blattern.

Mit ihm starb sein bisheriges Lebenswerk, inklusive der zwei neuen avisierten Provinzen für das Imperium Romanum.

Vierzehn harte Jahre eisenharter Selbstdisziplin, erfolgsversprechende, dem Geschehen abgerungene Eroberungspolitik, die Hingabe, das Opfer vieler gläubiger Legionäre – alles umsonst.

Mit einem Federstrich – vorbei.

Das war das Werk seines Sohnes Commodus, der ihm nachfolgte.

Von der Vision der Provinzen sah er ab, römisches Gebiet nördlich der Donau gab er kampflos preis, die römischen Truppen wurden ohne Not zurückbeordert.

Wieder einmal starb damit ein Stück der „Idee" des Augustus, wenn Commodus sie denn gekannt, geschweige denn ernst genommen hat.

Die Donau wurde erneut Grenze zum Barbarenland, die Gefahr durch potentielle Eindringlinge auf römisches Gebiet blieb latent – trotz Friedensschlusses.

Doch ausschweifendes Leben und Caesarenwahn holten Commodus ein, wurden zu schlechten Begleitern, im Jahr 193 n. Chr. wurde er durch seinen Sklaven Narcissus erwürgt.

Der griechische Historiker Herodian, 3. Jahrhundert aus Syrien, überliefert Commodus Haltung zum Friedensschluss mit den Markomannen in 182 n. Chr. wie folgt:

„Da aber seine Hofleute fortfuhren, in ihn zu dringen, so machte er seinen Freunden weiter keine Mitteilung mehr, sondern verteilte durch schriftliche Befehle die Sorge für die Donauufer unter die ihm passend scheinenden Generäle mit der Anweisung, die Einfälle der Barbaren zurückzuweisen, und verkündete dann seinen Aufbruch nach Rom.

Die Generäle vollzogen, was ihnen aufgetragen war: sie unterwarfen in nicht langer Zeit viele Barbarenstämme durch Waffengewalt und brachten andere durch sehr vorteilhafte Angebote ohne viel Mühe zum Abschluss von Freundschaftsverträgen.

Denn die Barbaren sind von Natur geldgierig. Und wie sie, die Gefahren verachtend, sich durch Überfälle und Streifzüge die nötigen Lebensbedürfnisse zu verschaffen suchen, sind sie auch sehr geneigt, sich durch große Geldsummen den Frieden abkaufen zu lassen.

Das wusste Commodus; und um sich Sorgenfreiheit zu erkaufen, gab er, da er Geld im Überfluss hatte, was sie forderten.

Bereits mit dem Ende Marc Aurels kündigte sich durch vielerlei Anzeichen der Niedergang des römischen Reiches an – wenn man gewillt war, die „rem publicam" etwas genauer und kritischer zur betrachten. So konnte man folgendes beobachten und daraus seine Schlüsse ziehen:

- Es erfolgten eine Mehrzahl von Einfällen von Germanen, Parthern und Arabern ins Reich
- Militärisch gesehen was das Imperium Romanum mit dem Potential seiner Legionen an eine Grenze gelangt – in Bezug auf Anzahl und

Beweglichkeit. Die Legionen waren quasi an ihren Standorten angewachsen, starr und unbeweglich geworden, mit der Zivilbevölkerung hatte sich eine enge Verbindung entwickelt, noch nicht vorhanden waren Bewegungsheere, wie auch strategische Reserven.

- Das Reich hatte eine derart gewaltige Ausdehnung erreicht, dass es schwierig war, wichtige Nachrichten zeitgerecht zu übermitteln, damit erforderliche Folgemaßnahmen im Sinne der Führung getroffen werden konnten.
- Bevölkerungsmangel ergab sich aus der Weite des Reiches, als Folge lag die Landwirtschaft brach. Da auch der technische Fortschritt stagnierte, ergab sich kein Mehr an neuen Märkten
- Bürokratisierung und hohe Besteuerung der Bauern, die daraufhin ihr Land verließen, taten ein Übriges.
- Eine sich herauskristallisierende Schere zwischen Arm und Reich führte zu einem gewissen Niedergang der Städte und des städtischen Lebens; d. h. die Bedeutung des Forums, der Tempel sanken, die Thermen wurden wenig frequentiert; hier wirkte sich das aufkommende Christentum mit seinen gelebten Werten und Moralvorstellungen bereits aus.

Aber Tertullian schreibt um 180 n. Chr. „Die Welt wird täglich besser, kultivierter und zivilisierter als zuvor. Überall baut man Straßen, jede Region ist bekannt, jedes Land dem Handel geöffnet, Felder lächeln, wo finstere Wälder standen, Herden haben die wilden Tiere abgelöst, selbst auf Sand kann man säen, Felsen aufbrechen, Moore trockenlegen….
Wo immer es eine Spur von Leben gibt, gibt es auch Häuser, Ansiedlungen und wohlgeordnete Regierungen."

Allmählich kam immer stärker die bittere Kehrseite der notgedrungenen Umkehr der bisherigen Eroberungsstrategie ans Licht.
„Mehr gibt mehr!" war Einhalt geboten, nun galt es, sich umzustellen, auf die neue Lage einzustellen und damit fertig zu werden. Rom war nun gezwungen, nach relativer Stabilisierung seiner Grenzen das Reich allein zu versorgen. Keine Sklaven, kein Gold, keine sonstigen Erzeugnisse, die das süße Leben bisher ermöglicht hatten, würden künftig naht- und problemlos

fortgesetzt dem Reich zufließen. Rom musste nun gewaltig strampeln, um seine Reichen und Armen zufriedenzustellen, seine Armen zu versorgen und das Reich in Gang zu halten – vor allem ohne billige Massenarbeitskräfte.

Wie die verlorene Varus-Schlacht für die strategische Planung am Rhein und über den Rhein hinaus nach Osten von maßgeblicher Bedeutung war, dergestalt, dass von weiteren Eroberungsplänen Abstand genommen wurde, so gilt Gleiches für die Donau nach Beendigung der Markomannischen Kriege, die Donau wurde – mit Ausnahme Dacien – zur Reichsgrenze.

Während der Rhein vorübergehend eine gewisse Ruhephase erlebte, läuteten die Kriege für die Donau unruhige Zeiten ein, die die Römer zu höchster Aufmerksamkeit und Verteidigungsbereitschaft zwangen. Über dreihundert Jahre lang kamen die Römer an der Donau nicht zur Ruhe, immer wieder standen sie unter dem Druck nach Süden drängender Germanen – aber sie wurden bis zu einem gewissen Grade damit fertig und konnten die Grenze halten.

Gleiches gilt für die Rheingrenze, die, nach einer relativen Ruhephase, massiven Druck von Alamannen, Franken und Sachsen auszuhalten hatte; auch die Rheingrenze konnte vorerst gehalten werden.

Der „Überdruck" an beiden Flussgrenzen kam dann mit dem Hunnensturm, der die germanischen Völkerschaften mit Gewalt vor sich herschob und diese nach Süden über die Donau drängte wie auch nach Westen und Südwesten über den Rhein.

Diesem Ansturm waren die Römer letztendlich nicht gewachsen und unterlagen, an der Donau quollen die Goten massenweise über den Fluss, am Rhein waren es Sueben, Burgunder, Alanen und Vandalen.

Doch zurück zur Lage nach den Markomannischen Kriegen.

Die Römer hatten zu diesem Zeitpunkt Illyrien in sicherer Hand, die Donau noch als relativ sichere Grenze. Zugleich erkannte man in Rom die wachsende Bedeutung Illyriens in strategischer Hinsicht.

Neben dem großen Westteil des Imperiums mit Britannia, Gallia und Hispania entwickelte sich nun ein aufstrebender Ostteil mit seinen Teilprovinzen. Noch geführt durch Rom, aber der kommende Gegenpol zeichnete sich bereits ab.

Illyrien hatte im Gesamtblick des I. R. eine zentrale Lage, aus der eine nicht zu unterschätzende Bedeutung wuchs.

Es ging um die Stationierung und Konzentration der römischen Legionen, mithin der Macht, ohne die das Reich nicht zu führen war.

Waren die Legionen zunächst mit Masse am Rhein, weil man von dort vorstoßen wollte und darauf wegen der starken Bedrohung, so war anfangs an der Donau von drängenden Germanen noch nichts zu spüren.

Doch die Verhältnisse kehrten sich um, die Rheinlegionen hatten im Laufe der Zeit nicht mehr die hohe Bedeutung, die markomannischen Kriege erforderten eine Aufrüstung der Donaufront.

Und plötzlich war Illyricum das Zentrum der Macht, es war Schlüsselstellung.

Hier würde eine strategische Reserve einzurichten sein, die nach Bedarf an Rhein, Donau oder Euphrat in Marsch gesetzt werden konnte. Und erstaunlicherweise kamen dann auch die künftigen Heerführer und bedeutende Kaiser aus dem Illyrischen.

2.4 Geschehnisse an der Donau im 3. Jahrhundert (Soldatenkaiser)

Sicherlich geschah täglich etwas Sicherheitsrelevantes an der Donaugrenze, nur, es wurde auf örtlicher Ebene bereinigt, gemeldet und in den entsprechenden Annalen der betreffenden Legion festgehalten.

Doch diese Annalen „überlebten" nicht immer, denn mit den Legionen gingen auch die Annalen verloren.

Grenzverletzungen von Bedeutung wurden auch höheren Orts gesammelt, analysiert – selbstredend nachdem der Vorfall von allen beteiligten Ebenen abgearbeitet worden war. Einige dieser Vorfälle sind überliefert.

Geschehnisse

214 n. Chr.	Caracalla sicherte durch einen Sieg über die Carpen die Donaugrenze
236	Maximinus Thrax wandte sich zum Schutz der Donaulinie gegen Daker, Sarmaten und blieb erfolgreich
238	Gordian II siegt über Goten, die zuvor das mösische Istros überfallen hatten
245	Kaiser Philippus schlägt die Carpen und drängt sie zurück
249/251	Gotenkönig Cniva belagert Philippopolis, Kaiser Decius beauftragt Trebonius Gallus mit der Wacht an der Donau und sendet seinen Sohn voraus; Cniva geschlagen. Decius eilt Cniva über Nikopolis nach, um Philippopolis zu entsetzen. Cniva kehrt um, schlägt römisches Heer bei Beroae, zwingt es zum Rückzug auf Novae/Oescus. Goten nehmen Philippopolis. Entscheidungsschlacht bei Abrittus. Decius fällt, römische Armee unterliegt und muss beutebeladene Goten ziehen lassen.
253	Marcus Aemilianus besiegte als Statthalter von Moesia Inferior die Goten, wird zum Kaiser ausgerufen.
253	Valerianus führte schwerste Kämpfe gegen die Goten.
254	Gallienus übernahm den Schutz der Donaulinie, die zeitweise unter dem Ansturm der Germanen zusammenbrach.
257	Lage an der Donau stabilisiert sich vorübergehend

259/260	Schwerste Abwehrkämpfe unter Gallienus an der mittleren Donau. G. schuf selbständige Kavallerieverbände, erhöhte die Stärke der Legionsreiterei.
268	G. besiegte die Goten in Makedonien am Fluss Nestos, die weitere Verbreitung der nach Überfällen aus Griechenland zurückflutenden Goten übertrug er seinem General Marcian.
268/270	Claudius Gothicus tritt den Herulern und anderen gotischen Scharen entgegen. Claudius Gothicus konnte die Stadt Saloniki entsetzen und die zurückströmenden Germanen bei Naissus in Moesia Superior schlagen. Vandalen und Sarmaten bedrohten die Reichsgrenze an der mittleren Donau. Claudius Gothicus starb 270 n. Chr. in Sirmium.
270/275	Aurelian, der Moesier, wird Kaiser. Er sicherte durch siegreiche Kämpfe gegen Juthungen, Sarmaten und Vandalen die Donaufront. Dakien wird von den Römern geräumt und den Goten überlassen.
275/276	Tacitus bekämpft Goten in Kleinasien
276/282	Probus sicherte in harten Kämpfen die Donaulinie, nahm Germanen als Siedler und Soldaten auf.
282/283	Carus kämpft an der Donau gegen Sarmaten und Quaden

2.5 Zeit der Illyrer und inoffizielle Verlagerung der Macht Roms nach Osten

Die starken Führer der letzten Jahrzehnte, angefangen als Legat, Statthalter einer Provinz oder General der Reiterei, waren samt und sonders Illyrer, die nicht nur ihr Land sondern zugleich das I. R. von dieser Stelle aus verteidigten, in seinem Bestand bewahrten.

Hervorzuheben von diesen so besonders motivierten Führern sind Claudius Gothicus, Aurelian und Probus.

Rom verdankt diesen hervorragenden Kräften sein vorerst weiteres Überleben.

Kamen früher starke Führungspersönlichkeiten aus Italien selbst, wie auch aus Spanien, so stoßen jetzt starke Kräfte aus Illyrien an die Spitze. Zu erkennen ist bereits die sich anbahnende Machtverlagerung vom Zentrum Rom nach Osten, sprich zunächst nach Illyrien. So regierte Diokletian das Reich mehr von Spalato aus als von Rom.

Constantin dann gründete im Jahre 330 n. Chr. die Hauptstadt des künftigen Ostreichs in Byzanz / Konstantinopel.

Roms Stern begann zu sinken, er verblasste.

Diokletian sicherte als erstes den Herrschaftsanspruch und den Fortbestand des illyrischen Kaisertums.

Diokletian richtete die Tetrarchie (Vierkaisersystem) ein, wonach zwei Augusti und zwei Caesaren regierten.

Dabei hatten diese regionale Aufgaben zu erfüllen. Diokletian hielt insofern das Heft in der Hand, als die letzte Entscheidung in Sachen von Bedeutung allein bei ihm lag.

Diokletian erteilte mit der neuen Einrichtung der Unsitte der immer wieder unberechtigt nach der Macht greifenden Usurpatoren eine deutliche Absage, war es unter diesen Umständen doch kaum möglich, alle vier Herrscher mit einem Schlage zu eliminieren.

Die Caesaren waren vorgesehen, den Platz des jeweiligen Augustus nach dessen Abtritt legal einzunehmen.

Die Caesaren waren zugleich mit in die Führung des Imperiums an sich einbezogen, nahmen an der Macht teil und dürften damit zufriedengestellt sein, hatten sie doch noch ein höheres Amt in Aussicht.

Unmittelbar darunter rangierte in der Hierarchie der Macht der Rat der Generäle. Durch dieses System waren die Kaiser entlastet und gegen hinterhältige Überraschungen mit tödlichem Ausgang relativ gefeit.

Im Jahr 305 n. Chr. trat ein erster Wechsel ein, die Augusti traten ab, die Caesares wurden Augusti, neue Caesares wurden die Illyrer Severus und Maximinus Daia.

Streitereien jedoch führten zum Ende des gerade eingeführten Systems.

Einen weiteren Schwerpunkt setzte Diokletian in die Umstrukturierung der römischen Armee. Zu dem derzeitigen Zeitpunkt war Illyrien ein wichtiges Armeezentrum, die Armee selbst war weitgehend illyrisch geprägt.

Als Erfahrung der Abwehrkämpfe an der Donau hatte sich gezeigt, dass die bisherige Organisation mit einer Armee in festen Standorten nicht mehr geeignet war, flexibel zu reagieren.

Man musste mit kleineren Verbänden/Einheiten beweglicher werden, um der auftauchenden Brandherde Herr zu werden.

Die Dislozierung ergibt sich und ist ablesbar in den Notitia Dignitatum des Jahres 400 n. Chr.; wohl blieb die Legion als solche unter Ziffer und Namen bestehen, aber nicht mehr in einem Standort. Sie war aufgeteilt, vermutlich in Kohortenstärke auf mehrere Standorte.

Das römische Heer wurde in ein Feldheer (comitatenses) und Grenztruppen (limitanei) aufgeteilt. Jede Grenzprovinz erhielt zwei Legionen, vermutlich in Stärke von je 2000 Legionären, geführt durch einen Dux.

Die Anzahl der Legionen hatte man durch Verringerung der Kopfstärke von 35 auf 70 erhöht.

Die Grenzlegionen wurden in festen Unterkünften untergebracht; sie lebten in der Nähe ihrer Familien, die verheirateten Legionäre. Das Personal für diese Grenztruppen kam aus dem zu schützenden Gebietsabschnitt selbst, sicherlich mit ein positiv wirkender Motivationspunkt.

Weitere Grenzsicherungskräfte stellte man aus den von jenseits der Grenze herübergekommenen Germanen auf, quasi als Gegenleistung für Siedlungserlaubnis.

Und noch ein weiterer Punkt zur Festigung des Gesamtsicherheitskonzeptes an der jeweiligen Grenze wurde eingeführt, nämlich, dass Legionärssöhne wiederum Legionäre würden – eine Maßnahme, sicherlich gewöhnungsbedürftig.

So erreichte man eine gewisse Verbundenheit im Dienst für Rom und für die eigene Scholle, eine Verwurzelung trat ein.

Wieder ein nicht ungeschickter Dreh der obersten römischen Heeresleitung.

Das Feldheer wurde als Mobile Eingreifreserve im rückwärtigen Raum, in gewisser geländebedingter Entfernung zur Grenze loziert, so dass nötige Kräfte auf Abruf zu den Brennpunkten in Marsch gesetzt werden konnten.

Auch für das Feldheer setzte sich der Trend fort, Nachwuchs unter den eingewanderten Barbaren zu rekrutieren.

Somit verlor sich die alte Einteilung der Armee in Bürgerlegionen und Auxiliarkräfte allmählich, das römische Reich hatte fortan an den Fronten in Sachen Verteidigung „angestellte Ausländer" in den eigenen Reihen. Gut für Rom, eigentlich undenkbar jedoch für die anderen, die doch durch diese Regelung gegen eigene Stämme antreten mussten, ihr eigenes Blut.

Die unter Konstantin dem Großen ab 305 n. Chr. fortgesetzte Reorganisation der Armee / des Heeres hatte für das Feldheer vorgesehen, dass stärkere Reiterelemente eingefügt würden, die sogenannten „Numeri".

Die Sollstärke der Reiterei einer römischen Legion wurde ab diesem Zeitpunkt von 120 Reitern auf 726 Reiter erhöht.

Überdies wurde Konstantinopel mehr und mehr zum Hauptquartier für Donaufeldzüge.

Neben der Reform betreffend das Militärwesen erfolgte unter Diokletian noch eine weitere, die verwaltungsmäßige; es erfolgte eine neue Gliederung, Militär- und Zivilwesen wurden getrennt.

Das Imperium Romanum gliederte sich fortan in vier Praefekturen (Kommandos):

1. Praefektur Oriens
   Dieses Gebiet umfasste die Ostprovinzen mit künftiger Hauptstadt Konstantinopel

2. Praefektur Illyricum
   Dieses Gebiet umfasste Donauraum und Balkan mit künftiger Hauptstadt Sirmium

3. Praefektur
   Dieses Gebiet umfasste Italien, Afrika mit künftiger Hauptstadt Mailand

4. Praefektur
   Dieses Gebiet umfasste Spanien, Gallien und Britannien mit künftiger Hauptstadt Trier

Zusätzlich erfolgte eine Aufteilung des Imperium Romanum in 12 Diözesen (Distrikte) und Neugliederung der Provinzen, ihre Zahl wuchs auf 101.

Aus der Reform ergab sich ein erforderliches Mehr an Beamten, was dem Steuersäckel ebenfalls ein Mehr abverlangte.

Erforderlich wurde ein hartes Steuergesetz. Im Übrigen wurde jeder einzelne gefordert, zum Bestand und Wohl der „Rei Publicae" sein Scherflein beizusteuern.

Pflichtige wurden in Berufsgruppen befohlenermaßen eingegliedert, um mittels dieser Steuerung Wirtschaft und Finanzen im Sinne der Staatsführung handhaben zu können.

Negativ war der ungeheure Druck auf die Christliche Kirche zu werten, ihr Durchbruch stand jedoch bevor.

2.6   Von Rom nach Konstantinopel unter Konstantin

Auf allen Gebieten, die Diokletian reformiert hatte, folgt Konstantin diesen Vorgaben, hielt sie aufrecht und erweiterte sie. Doch auch anderes Bahnbrechendes geschah unter Konstantin. Konstantin wurde quasi zum Schirmherrn der einzelnen Christen sowie vieler Christengemeinden, verhalf dieser Religion zum Durchbruch im Imperium Romanum.

Zugleich bewies er anfänglich alten Glaubensrichtungen gegenüber Toleranz.

Doch hierin wandelte er sich, über das Schließen der Tempel verbot er schließlich heidnischen Opferkult, Schätze wurden konfisziert.

Und einen weiteren bedeutsamen Schritt ging er in Sachen Hauptstadt und Zivilisation. Was sich unter seinen Vorgängern bereits angedeutet hatte, entwickelte er fort. Das ehemalige Zentrum der Macht, Rom, wurde bereits unter Diokletian in gewissem Umfang nach Spalato verlagert, Konstantin selbst nun ging noch einen Schritt weiter, neue Hauptstadt des künftigen Ostreichs wurde Byzantion, Roma Nova, Konstantinopolis.

Rom, ehemals Nabel der Welt, geprägt durch das Lateinische, das Heidnische sowie westliche Sitten und Bräuche, verblasste, hatte seinen Zenit überschritten; Konstantinopel, der Gegenpart stieg auf, es glänzte durch das Griechische, das Christentum, sowie durch östliche, orientalisch geprägte Traditionen. Konstantinopel wurde nun für lange Zeit Nabel der Welt und wies den Weg in die Zukunft.

Auch das römische Heer erfuhr unter Konstantin eine erneute Veränderung. Zunächst verstärkte er die neue Hauptstadt auch gegen Gotenangriffe und machte sie zum Abwehrzentrum im Ostteil des römischen Reiches.

Die Donaukräfte, Legionen und Hilfstruppen sanken gemäß der neuen Heeresstruktur und   -strategie in ihrer Bedeutung. Der militärische Schwerpunkt wurde künftig in einem beweglichen Feldheer gesehen. Dazu richtet man ein:

Fünf Legionen	(palatinae; 1500 Mann à Legion)
Zehn Hilfstruppen	(palatinae; 500 Mann à Truppe)
Vexillationen	
Reitereinheiten	

Während Diokletian an der Donau noch Festungswerke aufrichten ließ, zog Konstantin massive Kräfte zuungunsten der „Limitanei" ab und verlegte diese in die Städte.

Das abgezogene Militär nun „fiel" in die Städte ein, belastete sie und hielt sich dort auf, wo es nicht gebraucht wurde.

Somit erfuhr andererseits die „Grenzverteidigung" eine nicht unerhebliche Schwächung, die den Barbaren eine Donauquerung und ein Einsickern in römisches Territorium zumindest um „einiges" erleichterte.

„Eisernen" Generälen standen ob dieser Situation sicherlich die Haare zu Berge, die neue Dislozion musste sich erst noch bewähren.

Die neue Lage wurde wie folgt bewertet:

Statt Dienste an der Grenze zu schieben, Sicherheit zu gewährleisten, Übungen zu fahren und sich fortzubilden, verlagerte sich der Schwerpunkt des Soldatenlebens in die Städte, hin zum Wohlleben, zum Besuch von Spielen, mithin zur Verweichlichung – von leichten Exerzierdiensten und wenigen Sondereinsätzen einmal abgesehen.

Unter Konstantin dem Großen und seinen unmittelbaren Nachfolgern trat an der Donaufront die nun schon legendäre relative Ruhe für einen gewissen Zeitabschnitt ein.

Constantinus II (337-361 n. Chr.)
unternahm Expeditionen im Jahr 358 n. Chr. gegen Sarmaten und Quaden im Raum Unterpannonien und Obermoesien und schlug sie zurück.

Vallus
unternahm Feldzüge in den Jahren 357-369 n. Chr. gegen die Goten an der Donau und blieb siegreich gegen den Gotenführer Athanarich.

Valentinian I (364-375 n. Chr.)
unternahm Abwehrkämpfe gegen Sarmaten im Jahr 375 n. Chr., die er erfolgreich führte.

2.7   Der Hunnensturm und seine Folgen

Doch mit einem Schlage änderte sich die Lage, zunächst an der unteren Donau, später in Thrakien und im gesamten Imperium. Die Hunnen waren auf den Plan getreten, man schrieb das Jahr 375 n. Chr.
Sie preschten aus dem Osten heran, trieben die Goten vor sich her, diese wurden nach Westen verdrängt, überquerten die Donau nach Süden und baten um Aufnahme ins Reich. Zunächst verlief alles „reibungslos", doch schon bald wurden die Goten hemmungslos unterdrückt, ausgebeutet. Sie wehrten sich.
Kaiser Valens unterlag ihnen – etwas dilettantisch – im Jahre 378 n. Chr. bei Adrianopel in einer bedeutsamen Schlacht. Durch diese verlorene Schlacht begann Rom in den tödlichen Abgrund zu rutschen, wurde doch durch sie den herandrängenden Völkermassen Tür und Tor geöffnet; Tür und Tor, die nicht mehr geschlossen werden konnten.

378 n. Chr. war für Rom ein Schicksalsjahr.

Durch geschickte Politik konnte der Nachfolger Theodosius I das Geschehen noch einmal verlangsamen. Er füllte seine Truppen mit christlichen Goten auf, gestattete ihnen, an der unteren Donau auf römischem Gebiet zu siedeln, doch aufhalten konnte er die sich anbahnende Entwicklung nicht. Schließlich vermischten sich Goten mit Römern, was zu einer Auflösung der ehemaligen Geschlossenheit der Römer führte.

Ein kurzer Rückblick auf diese ereignisreiche und bedeutsame Zeit erscheint angebracht.

Valens (364-378 n. Chr.)

Kämpfte zu Beginn seiner Amtszeit erfolgreich gegen die Goten, legte entlang der Donau Garnisonen und Kastelle an.

Daraufhin kam es zu Unruhen bei den Quaden an der mittleren Donau, sie überquerten den Fluss und verheerten die römischen Bereiche.

Im Jahr 371 n. Chr. überschritt Valens auf einer Schiffbrücke bei Daphne / Niedermoesien die Donau, zu einer Auseinandersetzung mit den Goten kam es nicht, da jene sich rechtzeitig in die Karpaten zurückgezogen hatten.

372 n. Chr. verhinderte die überschwemmte Donau das Vorhaben, Valens zog sich nach Marcianopel zurück.

373 n. Chr. überquerte Valens die Donau bei Noviodunum auf einer Schiffbrücke, Valens Heer und Athanarichs Goten trafen aufeinander und kämpften, beide zogen sich darauf zurück.

Auf einem Schiff auf Donaumitte trafen sich die Führer, Valens gewährte den Goten den verlangten Frieden, sie stellten Geiseln.

Friedensabkommen zwischen Kaiser Valens und den Westgoten, besiegelt durch den Händedruck zwischen Valens und Athanarich von Boot zu Boot auf der Donau.
(Quelle: Das römische Imperium)

Valens kehrte zurück nach Konstantinopel.

374 n. Chr. erfolgte durch Valentinian I ein Vorstoß über die Donau ins Gebiet der Quaden, wo Valentinian eine Grenzfestung errichten ließ.

Quadische Proteste blieben ohne Erfolg, deren zu einem Gastmahl eingeladenen König Gabinius ließ Valentinian kaltblütig ermorden.

Das ließen die Quaden sich nicht gefallen, rächten sich mit einem Überfall auf römisches Gebiet nahe Sirmium, an der Straße Sirmium-Cibalae. Das wiederum rief die Römer auf den Plan, die pannonische und die moesische Legion wurden aufgeboten.

Zu denken wäre an die Sextae Herculae aus Teutoburgio und die Quartae Flaviae aus Singiduno, für beide war Sirmium relativ schnell erreichbar.

Da beide um Ruhm und Ehre wetteiferten und eigenständig vorgingen, gelang es den gegnerischen Sarmaten eine nach der anderen auszuschalten, nur wenigen Legionären gelang die Flucht.

374 n. Chr. besiegte Theodosius die Sarmaten mehrfach im Donaugebiet, er vertrieb sie aus römischen Grenzgebieten und gewährte Frieden.

375 n. Chr. kam „Westherrscher" Valentinian I nach Aquincum, überquerte die Donau und führte einen verheerenden Feldzug gegen die Quaden; zurückgekehrt nach Brigetio suchten ihn die Quaden auf und baten um Frieden.

Sie boten an, für Rom Rekruten zu stellen, entschuldigten sich für geschehene Überfälle, machten aber zugleich Front gegen Festungsbau auf ihrem Gebiet.

Valentinian gerät derart in Wut, dass er am 17.11.375 n. Chr. in Brigetio an einem Schlaganfall starb.

375 n. Chr. wechselten unter dem Druck der Hunnen mehrere Gotenstämme über die Donau; sie schickten Unterhändler zu Valens und baten um Aufnahme.

Sie boten den Römern Frieden, Gestellung von Hilfstruppen.

Valens gab ihnen Land in Thrakien.

Ammian Marcellin übermittelt dazu: „So wurde mit stürmischen Bemühen das Verderben der römischen Welt herbeigeführt...

dass die unheilbringenden Beamten, die die Überfahrt der Barbarenmenge leiteten, zwar oft versuchten deren Anzahl rechnerisch zu erfassen, doch es schließlich als vergeblich aufgaben."

Die ersten gotischen Führer waren Alaviv und Fritigern, ihnen wurden Lebensmittel und Ackerland zugesagt. Auf römischer Seite standen zu diesem Zeitpunkt unbesonnene Heerführer, Lupicinius und Maximus. ("…Ihre lauernde Habgier war die Quelle aller Übel.")

Die hungernden Goten mussten gegen den Hunger je einen Mann stellen als Sklaven und erhielten dafür Essbares, im Extremfall tote Hunde.

Des Weiteren kamen Greuthungen und ersuchten um Aufnahme, sie wurden abschlägig beschieden.

Eingereiste Thervingen erhielten keine Lebensmittel, sie wurden hinge-halten, Lupicinius zwang sie zum Abzug.

377 n. Chr. gelangten weitere hungrige Goten über die Donau, die von den Römern nichts erhielten und so zu plündern begannen, kreuz und quer durch Thrakien, schlicht um des Überlebens willen.

„Diese Nachrichten aus Thrakien wurden mit großem Kummer aufgenommen und stürzten den Kaiser Valens in mannigfache Sorgen…:"

Zwei Legionen wurden eingesetzt, bei „Ad Salices" kam es zur Schlacht gegen die Goten, beidseitige hohe Verluste, Einstellung des Kampfes.

Nach vorübergehender Einschließung der Goten im Haemusgebirge kamen diese jedoch wieder frei und setzten Plünderungen und Gräueltaten fort.

Valens entschloss sich, gewaltsam gegen die Goten vorzugehen, forderte dazu vom Westherrscher, seinem Neffen Gratian in Trier Kräfte an, die auch in Marsch gesetzt wurden.

Doch plötzlich trat Valens allein mit seinen Kräften an.

Zwar verfügte Valens über erfahrene Führer und geübte Truppen, doch der Gegner wurde unterschätzt.

Man ging nach Aufklärungsergebnissen zunächst nur von 10000 Feinden aus; diese „Tatsache" und der Einfluss einiger Berater bewogen V., bereits Adrianopel erreicht habend, jetzt hier und ohne Gratians Truppen loszuschlagen.

Nachdem die Barbaren die weiten Ebenen in Brand gesetzt hatten, wurden die Römer handgemein.

Die Goten erhielten unterdessen noch Verstärkung durch alanische Reiterei und sogleich entbrannte das vernichtende Aufeinandertreffen der gegenseitigen Schlachtreihen, Tod und Verderben bringend. Das Schlachtfeld füllte sich mit Toten beider Seiten.

Irgendwann erhielt auch Valens ein Pfeilgeschoss ab, wurde daraufhin mit Getreuen in ein zweistöckiges Landhaus gebracht, wo er unerkannt blieb.

Doch das Haus wurde belagert, man verteidigte sich, schließlich wurde durch die Barbaren Feuer gelegt, bis auf einen Leibwächter, der entkam, jedoch gefangen genommen wurde, kamen alle Römer zu Tode, unter ihnen Valens.

Der Gefangene wurde entlassen und konnte nun seiner Seite das Geschehen berichten. Kaum ein Drittel des römischen Heeres entkam der Niederlage, ein Desaster.

So war dieses Mal nicht die naive Vertrauensseligkeit wie bei Varus der Grund, sondern törichte Eitelkeit, sich in einem zweifelhaften Ruhm sonnen zu wollen, nämlich die Germanen, deren Stärke unterschätzt worden war, ohne Hilfe nahender gallischer Legionen, nur mit den eigenen, aber geringeren Kräften, zu besiegen.

Die Zahl der unnötig gefallenen Legionäre steht nicht fest, sie klagt jedoch an und fordert bessere Führer.

Während die Goten zunächst einmal eigentlich nur Wohnplätze in Thrakien begehrten und es möglicherweise auch florierend besiedelt hätten, zudem gute Bundesgenossen abgegeben hätten, ergaben sich nun schwerwiegende Folgen für das Imperium Romanum aufgrund dieses unbesonnenen Handelns des Valens.

R. Malcom Errington beschreibt Valens in einem Portrait.

„...Andererseits entsprach seine Haltung als die eines uncharismatischen Durchschnittsoffiziers, der keinen revolutionären Gedanken anhing, aber Ordnung, Einheitlichkeit und Sicherheit auf pragmatische Weise zu bewerkstelligen beabsichtigte und auf eine ideologische Untermauerung seines Tuns völlig verzichtete...“

Eine weitere Stimme sagt über Valens:

„... ein Sadist mittleren Alters, missgebildet, ohne Vernunft und Urteilskraft. O-Beine und einen Schmerbauch kennzeichneten sein Äußeres.....“

Valens Neffe, Herrscher des westlichen Teils des Imperium Romanum, Gratian, erhob am 19. Januar 379 n. Chr. als Nachfolger des Valens, den Flavius Theodosius zum Augustus des östlichen Teils des Imperium Romanum.

Theodosius konnte die durch Valens in Thrakien verkorkste Lage leidlich bereinigen, indem er Goten für den Raum Niedermösien als Siedler aufnahm.

Zusätzlich verstärke Theodosius durch eingewanderte Goten das römische Heer, wodurch er Vertrauen schaffte.

Zum Dank gewährte Konstantinopel ihm 380 n. Chr. einen Triumph.

Das sich anbahnende gute Verhältnis zwischen Römern und Goten entwickelte sich wie folgt: Rom gewährte Steuerfreiheit und Geldzuwendungen, die Goten schützten die untere Donaugrenze künftig bis auf weiteres in eigener Verantwortung.

Gemäß Vertrag vom 03.10.382 n. Chr. dienten die Goten Rom und standen ab sofort im Foederatenverhältnis.

Th. führte das Imperium Romanum nochmals zu einer kurzen Blüte, 391 n. Chr. erhebt er das Christentum endgültig zur Staatsreligion.

Dieser Erlass verhalf dem Christentum zum Durchbruch, die Zivilisation der westlichen Kultur hatte einen großen Schritt nach vorn getan, das neue Gedankengut bedurfte nun der Umsetzung, Verinnerlichung.

Nach Theodosius' Tod kommt es 395 n. Chr. zur Reichsteilung.

Westrom wird mangels Verteidigungsbereitschaft aus mehreren Gründen von den Germanen überrannt, während Ostrom diesem Los entgeht.

2.8   Die Reichsteilung

Die Organisation der Verwaltungseinheiten (Diözesen) des spätrömischen Reiches in 395 n. Chr. stellte sich wie folgt dar:

1	Praefectus praetorio per Orientem	
	I Dioecesis	Aegypti
	II	Orientis
	III	Pontica
	IV	Asiana
	V	Thraciarum
		(Donauprovinzen: Scythia, Moesia II)
2	Praefectus praetorio Illyrici, Italiae et Africae	
	VI Dioecesis	Macedoniae

VII		Daciae
		(Donauprovinzen: Dacia Ripensis, Moesia I)
VIII		Pannoniarum
		(Donauprovinzen: Pannonia II, Valeriae, Pannonia I, Noricum Ripensis)
IX		Italiae Annonariae
		(Donauprovinz: Raetia II)
X		Italia Suburbicariae
XI		Africae

3	Praefectus praetorio Galliarum	
	XII Dioecesis	Britanniae
	XIII	Galliae
	XIV	Septem Provinciarum
	XV	Hispaniae

Die Diözesen VI und VII werden als Praetorianer-Praefektur Illyricum bezeichnet und bilden mit den Diözesen des Praefectus praetorio per Orientem ab sofort das Ostreich, Ostrom.

Demzufolge bilden die Diözesen des Praefectus praetorio Galliarum und die Diözesen des Praefectus praetorio Illyrici, Italiae Annonariae, Italia Suburbicaria und Africae ohne die Praetorianerpräfektur Illyricum das Westreich, Westrom.

Wie verwaltungstechnisch so änderte sich auch die Heereslage.

Vegetius überliefert.

Er stellt zum einen fest, dass die Wirksamkeit der römischen Reiterei nicht mehr gegeben ist, zum anderen, dass die bisher gewohnte Bewaffnung der römischen Legionäre aufgegeben wurde.

Als Ergebnis trat damit eine Unterlegenheit der römischen Legionäre gegenüber den Barbaren bezüglich der Kampfkraft ein.

In Beurteilung der Gefahrenlage an Rhein und Donau trat eine Änderung ein, der Verteidigungsschwerpunkt lag fortan an der Donau. Das bedeutete Abzug von Kräften am Rhein, Verlagerung dieser Kräfte an die Donau.

Das führte dazu, dass im Westen ab dem 5. Jahrhundert die eigentliche Feldarmee vornehmlich durch Franken gestellt wurde.

Auch im Osten gab es um 400 n. Chr. keine komplett römische Feldarmee mehr, das Schicksal einer Grenzsicherung an der Donau lag in den Händen der gotischen Heerführer Trigibald und Gainas inklusive gotischer Truppenteile.

Gegen Ende des 4. Jahrhunderts erfolgte überdies eine weitere Verkleinerung der Kopfzahl der Legionäre in einer Legion.
Die Zahl schrumpfte von 2000 (ehemals 5500) auf 1000-1500.
Zum einen war es die Folge von nicht sofort ausgeglichenen Einsatzverlusten, zum anderen der mangelnde Zulauf – wehrunwillige römische Bürger kauften sich frei – von der Abwendung der Bürger zu ihrem Staat, aus welchen Gründen auch immer.

Diese Abwendung deutet bereits den kommenden Untergang des weströmischen Reiches an, ist jedoch nur einer von vielen weiteren Gründen, die an der Substanz nachhaltig nagten.

Gemäß „Notitia Dignitatum" für Ost und West ergab sich im Jahr 400 n. Chr. nachstehend aufgeführte Dislozion der römischen Legion an der Donaufront.

1. Dux Scythiae
   Primae Joviae   Novioduno (Noviodunum)
      Tulcea
   Secundae Herculiae   Trosmis (Troesmis)
      Iglita/Galati

2. Dux Moesiae Secundae
   Undecimae Claudiae   Durostero (Durostorum)
      Silistra
   Primae Italicae   Adnovas (Novae)
      Svistov/Ruse

3. Dux Dacia Ripensis
   Tertiae Decimae Geminae   Escos (Oescus)
      Lom
   Quintae Macedonicae   Ratiaris (Ratiaria)
      Nikopol

4. Dux Moesiae Primae
   Septimae Claudiae   Vico Cuppe (Cuppis)
         Vidin/Donji/Milanovac
   Quartae Flaviae   Viminatio (Viminatium)
         Pozarevac/Kostolac

                                Singiduno (Singidunum)
         Belgrad

5. Dux Pannoniae Secundae
   Quintae Joviae   Burgenus (Burgenas)
         Vukovar
   Sextae Herculae   Turoburgo (Teutoburgio)
         Mohacs

6. Dux Provinciae Valeriae
   Secundae Adiutricis   Aquinco (Aquincum)
         Pest
   Primae Adiutricis   Brigantio (Brigetio)
         Esztergom

7. Dux Pannoniae Primae
   Decimae Geminae   Carnunto (Carnuntum)
         Petronell
   Quartae Decimae Geminae   Vindobona (Vindobona)
         Wien
   Primae Noricum   Adiuvense (Adiuvense)
         Ybbs
   Secundae Italicae   Lauriaco (Lauriacum)
         Enns

8. Dux Raetiae
   Tertiae Italicae   Regino (Castra Regina)
         Regensburg

Theodosius I hatte seine Nachfolge geregelt, Sohn Arcadius setzte er als Augustus für Ostrom ein, Sohn Honorius für Westrom.

Arcadius, geb. 377 n. Chr., wurde am 16. Januar 383 n. Chr. zum Augustus ausgerufen, er regierte zwischen 384 und 408 n. Chr. den Osten.

Honorius, geb. 384 n. Chr., regierte zwischen 395 n. Chr., kurz vor dem Tod seines Vaters wurde ihm der Westen übertragen, und 423 n. Chr.

Da beide zum Zeitpunkt ihres Regierungsbeginns zu jung zum Regieren waren, mithin die sogenannten „Kinderkaiser" verkörperten, regierten für sie im Westen Stilicho und im Osten Rufinus.

Stilicho war zugleich Oberkommandierender der gesamten römischen Heere, verfügte somit über ungeahnte Macht. Die geübten Verbände behielt er für sich im Westen, die weniger geübten kommandierte er in den Osten.

394/395 n. Chr. drängten die Hunnen ungebremst über die Donau und schoben die Goten in Thrakien vor sich her, jene flohen nach Süden bis nach Thessalien.

Stilicho stellte sie dort, zum Kampf kam es nicht, Ostrom hatte inzwischen seine Truppen zurückbeordert, Rufinus fand nach der Rückkehr des Ostheeres den Tod, Eutropius wurde Nachfolger.

396/397 n. Chr. kam es zur Wiederholung, Stilicho stellte die Goten, ein Kampf erfolgte nicht. Stilicho ließ jene auf oströmischem Gebiet, in Griechenland ungehindert plündern, Ostrom erklärte ihn daraufhin zum Staatsfeind (Hostis publicus).

399 n. Chr. favorisierte Arcadius dann den Führer der Westgoten, Alarich; Arcadius ernannte Alarich zum Magister utriusque militiae per Illyricum (d. h. Führer der Reiterei und des Fußvolkes).

Alarich hatte man in Ostrom damit ein ausgezeichnetes Sprungbrett für einen Angriff auf Italien verschafft.

Durch das bisherige Geschehen zeichnet sich schon deutlich die tödliche Rivalität Ostrom Westrom ab, zwei feindliche Brüder, die nichts unversucht lassen, den anderen stolpern zu sehen.

Illyrien war zudem mit Bergwerken und Arsenalen übersät, eine vortreffliche Versorgung der gotischen Truppen war sichergestellt.

Im Jahre 400 n. Chr. drohte nun ein folgenschwerer Angriff auf Italien, das weströmische Kernland selbst; es sollte ein Zangenangriff werden,

Westgoten unter Alarich von Südosten aus dem Illyrischen und Ostgoten aus den Alpen heraus an die Adria.

Stilicho konterte geschickt, trieb zunächst die Ostgoten zurück, besiegte dann Alarich 403 n. Chr. bei Verona und erreichte, dass dieser sich nach Illyrien zurückzog.

404 n. Chr. zerschlug Stilicho erneute die ostgotischen Kräfte, gliederte Teile bei sich ein, verkaufte viele Gefangene als Sklaven.

407 n. Chr. war Alarich wieder da, hatte Noricum erreicht und drohte mit Einmarsch nach Italien. Honorius war eingeschüchtert, gab Alarich Land und 4000 Pfund Gold.

Am 1. Mai 408 n. Chr. verstarb der oströmische Kaiser Arcadius in Konstantinopel.

Stilicho bot Honorius an, die Angelegenheit zu regeln, er erhielt ein Begleitschreiben und trat an.

Zu der Zeit hatte ein gewisser Olympiodorus in K. die Fäden in der Hand. Schnell handelnd, setzte er tödliche Verleumdungen gegen Stilicho in die Welt, H. erhielt Kenntnis. Man unterstellte Stilicho, den Sohn des Arcadius Theodosius, ermorden zu wollen, um dann seinen Sohn Eucherius zu inthronisieren. Honorius war zunächst unsicher, wartete ab. Olympiadorus Einfluss wuchs, er bewog den Kaiser, Stilicho in Ravenna festzunehmen.

Das schmähliche Ende des Stilicho ist bekannt. Aus einer Kirche kommend, wurde ihm bedeutet, seine Staatsverbrechen wären todeswürdig. Am 23. August 408 n. Chr. wurde Stilicho dann durch Heraclianus getötet. Stilicho wurde nach seinem Tod förmlich zum Reichsfeind erklärt, verfiel der „damnatio memoriae".

Nachdem Theodosius I und Stilicho, der großartige vandalische Heerführer in Westroms Diensten alles getan hatten, um die Folgen des Einbruchs des Jahres 378 n. Chr. abzufangen, brachen am Rhein 406 n. Chr. und an der Grenze Illyrien Italien 408 n. Chr., nach Stilichos Tod, sämtliche Dämme.

Vandalen, Alanen, Sueben und Burgunder überquerten den Rhein und stürmten Gallien, die Westgoten fielen in Italien ein.

Nur mit äußerster Mühe hielt sich Westrom und siechte im Laufe des 5. Jahrhunderts dahin. Es schrumpfte zusammen und konnte nur kraft der Unterstützung westgotischer Kräfte gewisse Zeit überleben.

Mit der Ermordung des letzten großen weströmischen Heerführers Aetius im Jahr 453 n. Chr. durch die Hand seines Kaisers war der endgültige Untergang eingeläutet. Starke germanische Führer setzten römische Kaiser für Westrom ein und ab, je nach Belieben und Gutdünken.

Odoaker setzte den letzten weströmischen Kaiser Romulus Augustulus ab, Westrom war damit untergegangen.

Auch das Ende der Grenzverteidigung durch römische Truppen in Verbindung mit Bundesgenossen an der Donau rückte unaufhaltsam näher.

Am Rhein war die Gegenwehr weitgehend erloschen.

Die Grenztruppen Roms an der Donau im Bereich Noricum Ripense erhielten gegen Ende des weströmischen Reiches keinen Sold mehr.

Sie lösten sich auf bis auf wenige Restkräfte, u. a. die Batavische Kohorte in Passau.

Überall führten die Barbaren nun dreiste Überfälle im Landstrich südlich der Donau durch, Rom konnte nichts mehr entgegensetzen.

Der germanische Volksstamm der Rugier gewährte Römern in seinem Bereich Schutz.

488 n. Chr. war es dann endgültig, Odoaker rief die römische Bevölkerung aus Noricum ab, führte sie nach Italien und wies ihr dort Land zu.

Nach dem Einbruch, Durchzug durch G. M., Dazien, Markomannien sowie Überquerung von Rhein und Donau mit anschließendem Weiterzug nach Spanien, Nordafrika und Italien kam es an Rhein- und Donaugrenze vorerst zu einer relativen Ruhepause.

Der große Sturm war vorüber.

Die Grenzlegionen hatten keine Chance, sie hatten versucht, den Sturmlauf aufzuhalten, es war ihnen nicht gelungen.

Das lag nicht an der jeweiligen Legion bzw. war nicht in der Legion als Institution begründet.

Während die Rheinlegionen abgezogen worden waren, waren die Donaulegionen gegenüber früheren Zeiten erheblich an Anzahl und Stärke verringert, sie waren überdies aufgesplittet und disloziert in kleine Verbände / Einheiten.

Zur Linderung des Personalmangels setzte Rom zeitweilig hunnische Söldner als Grenzpersonal ein. Diese erhielten im Gegenzug das Übliche, Niederlassungs- und Siedlungserlaubnis.

Die Donaugrenze blieb vorerst unter weströmischer wie unter oströmischer Regie existent und die „Donaulegionäre", gleich welcher Couleur, waren weiterhin im Einsatz.

Römische Grenzsicherungskräfte wurden im Jahre 488 n. Chr. durch Odoaker aus Noricum endgültig abgezogen.

493 n. Chr. hatte der Ostgotenführer Theoderich die Macht im nördlichen Abschnitt des ehemaligen weströmischen Reichsteils in den Gebieten Norditalien, Pannonien und Illyrien übernommen und zugleich sein „ostgotisches" Reich auf römischem Kernland etabliert.

Theoderich übernahm es, die Sicherheit an der Donaugrenze vor weiterhin nachdrängenden Germanen- und Hunnenscharen zu gewährleisten; zum Hauptstützpunkt wurde wiederum Sirmium, die alte Militärstadt.

Unter Theoderich wurden Einfälle der nachdrängenden Gepiden und Langobarden abgewehrt, die ostgotischen Grenztruppen überquerten sogar mehrfach die Donau und griffen die zurückgewiesenen Eindringlinge erfolgreich an.

In gleichem Atemzuge erstarkte das Ostreich.

Das Verhältnis zu Theoderich mit seinen Ostgoten, die als Bundesgenossen Ostroms in Pannonien angesiedelt worden waren, blieb nicht ohne Spannungen, Ostrom suchte sich Theoderichs zu entledigen.

Man legte Theoderich nahe, Odoaker den Skirenusurpator, z. Z. Herrscher über Italica, zu liquidieren und anschließend Italien selbst verwaltungs-technisch unter Billigung Ostroms zu regieren.

Theoderich folgte diesem Ansinnen, brachte Odoaker um und machte sich zum Herrscher Italiens.

Theoderich verstarb 526 n. Chr.

In Ostrom regierte ab 527 n. Chr. Kaiser Justinian I. Ein Hauptanliegen war es, das ehemalige römische Reich vor 395 n. Chr. in den damaligen Grenzen als ein Einheitsreich unter seiner Führung wiederherzustellen.

Seine Feldherrn Belizar und Narses rangen mit ihren Truppen die Germanenreiche auf römischen Boden in Teilen nieder.

534 n. Chr. fiel das Vandalenreich, 553 n. Chr. das Ostgotenreich; Spanien als Ganzes, Gallien und Britannien konnten nicht unter oströmische Botmäßigkeit gebracht werden.

Die Ostgoten besiegte J. mit Hilfe der Langobarden, ihnen überließ er dafür Pannonien und verlor damit die halbe Diözese Illyricum.

568 n. Chr. zogen die Langobarden nach Italien und gründeten ein eigenes Reich.

Ostrom blieb federführend in Rom, Ravenna, unteritalienischen Häfen und verfügte noch über einen Streifen Gebiets an der italienischen Ostküste.

Zum Schutz des Reiches an der Donau hatte Justinian I ein vierreihiges System von Festungen und Wachttürmen anlegen lassen, zudem wurde die Donauflotte reaktiviert.

Vandalen- und Perserkrieg Ostroms forderten hohen Blutzoll, daher war die Donaugrenze um 540 n. Chr. von Sicherungskräften entblößt worden und somit relativ ungeschützt.

Für Slawen, Hunnen und Awaren bedeutete das ein erleichtertes, gefahrloseres Überqueren der Donau in Verbindung mit dem Eindringen ins „oströmische Reich".

Im späten 6. Und 7. Jahrhundert wurden die Awaren zum neuen Machtfaktor auf dem Balkan.

Rom war endgültig passée.

3.　Schlusswort

Ja, das waren sie also, die legendären Donaulegionäre, die über Jahrhunderte das Römische Reich vor Anstürmen aus dem Norden und Nordosten Italiens schützten.

Schließlich aber mussten sie klein beigeben, Rom ertrank im Donauraum quasi in einer Germanenflut.

Zunächst hatte alles vielversprechend begonnen, man etablierte sich sogar nördlich der Donau und trug sich mit Gründungsplänen für weitere Provinzen.

Was hatten sie nicht alles erlebt, unsere wackeren Donaufrontkämpfer.

Aus dem Landesinneren Illyriens, speziell Dalmatien, heraus tastete man sich abschnittsweise über Save, Drave an die Donau heran.

Die Legionäre standen dann unvermittelt vor ihrer ersten großen Bewährungsprobe, dem pannonischen Aufstand, der dann dank überlegener Führung, Kampfkraft und überlegener Zahl an Kämpfern gemeistert wurde.

Kurze Zeit darauf ging es um sie selbst, sie meinten, den überharten und ungerechten Legionsdienst in der bestehenden Form nicht mehr ertragen zu können und revoltierten daher.

Zwar erreichten sie eine gewisse Erleichterung, doch Rom ließ nicht mit sich spaßen, die Rädelsführer ereilte der staatliche Tod, die Legionen mussten ihr Ränzel schnüren und durften auf Schusters Rappen entfernte Standorte zur Dienstverrichtung aufsuchen.

Der Grenzwall Donau bewährte sich, man wurde des streitbaren Gegenübers immer noch Herr, es gelang die Eroberung Daziens, gegen Markomannien blieb man erfolgreich, die Einrichtung zur römischen Provinz unterblieb nach Marc Aurels Tod.

Die Donaulegionäre schöpften Führung und Kräfte ab der zweiten Hälfte des 3. Jahrhunderts vermehrt aus dem Lande selbst, Illyrien stieg empor, erkannte seine Bedeutung, entwickelte Eigenständigkeit und Stolz, eine informelle Abnabelung von Rom erfolgte.

Illyrien führte.

Immer wieder wechselten sich Erfolge und Misserfolge ab, die Donaulegionäre hatten erheblich zu kämpfen, aber noch standen sie ihren Mann und konnten die laufenden Angriffe der anstürmenden germanischen Völkerschaften auf das Imperium Romanum erfolgreich abwehren.

Von Illyrien ging die Machtverschiebung schließlich weiter nach Konstantinopel bis es zur Reichsteilung kam; fortan gab es Westrom und Ostrom.

Dann trat ein Ereignis ein, an dem Rom verzweifeln sollte und schließlich auch zugrunde ging, selbst Konstantinopel tat sich schwer.
Gemeint ist der Hunnensturm, der Anlass der „Völkerwanderung" des Jahres 375 n. Chr.
Diesen Gotensturm, der daraufhin losbrach, von den Hunnen ausgelöst, konnte sich Rom nur mühsam und kurzfristig entgegenstemmen.
Nach Valens katastrophaler Niederlage bei Adrianopel gegen die Goten und Stilichos schnöder Ermordung als einem der letzten hochqualifizierten Heerführer Westroms dieser Zeit kam der römische Widerstand vollends zum Erliegen.
Während nach Valens Niederlage die Goten in einem beispiellosen Siegeszug bis nach Achaia durchstießen, gelang ihnen nach Stilichos Tod durch den Westgotenführer Alarich die Eroberung des römischen Kernlandes, Italiens.
Der Untergang Westroms setzte sich fort, allmählich standen Rom die Goten bis zum Hals, irgendwann würde man in der Germanenflut ertrinken.
Ostrom fühlte sich in der Pflicht und versuchte mittels germanischer und hunnischer Söldner zu retten, was zu retten war, doch irgendwann war auch das zu Ende.
Die Donaulegionäre waren Geschichte.
Immerhin hatten sie 500 Jahre der Gefahr die Stirn geboten, anfangs zahlreich, gut geführt, ausgerüstet und ausgebildet.
Wer Glück hatte, erlebte das Ende der Regeldienstzeit, wurde mit Geld, gelegentlich mit Land abgefunden.
Märsche und Kämpfe hatten dem Legionär einiges abgefordert, nicht selten war er monatelang unterwegs zum nächsten Standort, Ort einer Schlacht, und nicht selten wurde es ein Marsch ohne Wiederkehr.
Von Castra Regina bis Troesmis, mal die weiteste Entfernung angenommen, waren es ca. 2200 km. Das bedeutet 150 Tage strapaziöser Marsch – wenn nicht für Teilabschnitte die Donauflotte in Anspruch genommen werden konnte.

Leider verschlechterten sich die Bedingungen für einen erfolgreichen Einsatz, weniger römische Kräfte, unzureichende Ausrüstung, unerfahrene Führer, Erfolge blieben aus, Misserfolge häuften sich, die Motivation erstarb irgendwann.

Mehr schlecht als recht tat der römische Legionär trotz aller Unbill unverdrossen seine Pflicht auf verlorenem Posten.

488 n. Chr. war die Zeit der römischen Donaulegionäre endgültig vorbei.

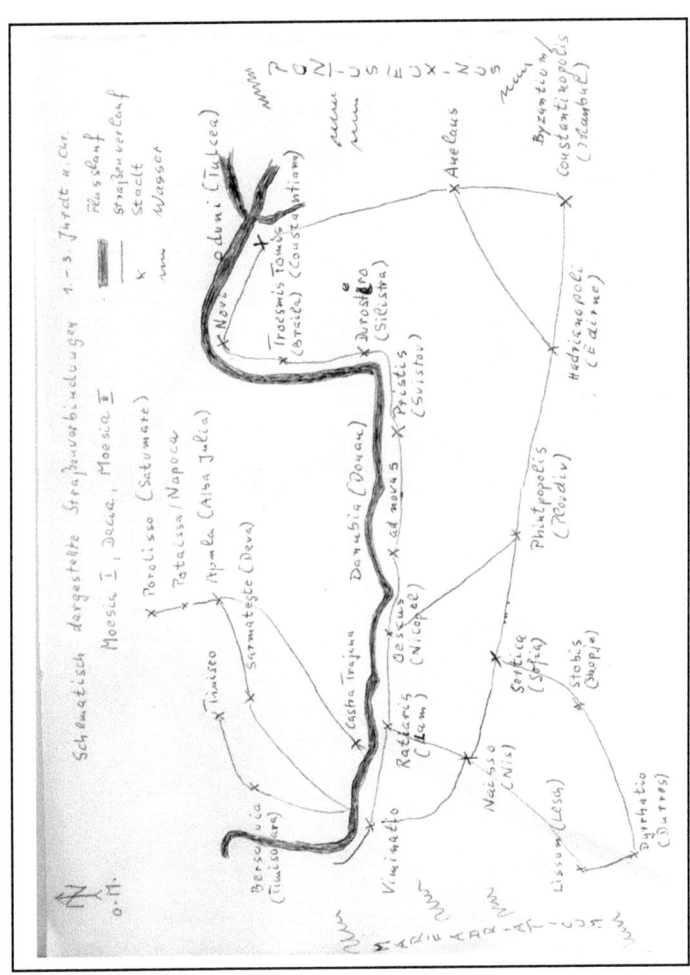

Schematisch dargestellte Straßenverbindungen 1.-3. Jh. n. Chr.
(Zeichnung H. Raddatz)

Ja, das waren sie, die legendären Donaulegionäre, die das Imperium Romanum vor anstürmenden Barbaren aus dem Nordosten Italiens schützten.

Irgendwann, zu Beginn der römischen Kaiserzeit, waren sie vor Ort, an der Donau. Es begann mittels ihrer der Aufbau, die Sicherung, die Vereinnahmung, die Blütezeit der Donaustädte.

Dann geschah das Unvorhersehbare, die Hunnen waren auf den Plan getreten, stießen auf südwärts Richtung Donau ziehende Germanen. Die Hunnen trieben jene gnadenlos vor sich her - in westliche Richtung. Die Germanen wichen aus, die Donaulegionäre versuchten sie aufzuhalten, letztendlich ohne durchgreifenden Erfolg.

Ammian Marcellin schreibt: "So wurde mit stürmischem Bemühen das Verderben der römischen Welt herbeigeführt ...

Dass die unheilbringenden Beamten, die die Überfahrt der Barbarenmenge leiteten, zwar oft versuchten, deren Anzahl rechnerisch zu erfassen, doch es schließlich als vergeblich aufgaben ..."

Eine eintretende militärische Niederlage erfolgte ebenfalls noch - der Weg nach Rom war offen.

Irgendwann waren die Donaulegionäre Geschichte, gegen Ende des 5. Jahrhunderts war ihre Zeit vorbei.

4.   Zeittafel

45 v. Chr.	Caesar setzt Truppenteile nach Illyrien in Marsch
34/33	Eroberung Dalmatiens
26	Illyrien selbständiger Verwaltungsbezirk
16	Noricum römisch
15	Augustus gibt künftige militärische Ziele bekannt (Vorverlegung Rhein-Donaugrenze)
12	Pannonien römisch
9	Markomannen ziehen sich vom Mittelmain nach Böhmen zurück
6 n. Chr.	Zangenoperation gegen Marbod in Böhmen
6-9	Pannonischer Aufstand
9/10	Pannonia Superior/Inferior werden römische Provinzen
14	Augustus Tod, Aufstand der Donaulegionen
17	Arminius' Kämpfe gegen Marbod. M. geht nach Ravenna, wo er 37 n. Chr. stirbt
37	Tiberius Tod
46	Thracia römische Provinz
50	Römische Donauflotte im Einsatz
71	Vespasian ordert Legionen f. d. Donaugrenze, Carnuntum, Vindobona und in Moesien
85/86	Daker überschreiten in Niedermösien die Donau und fügen einem römischen Heer eine Niederlage zu
86	Ober- und Niedermösien römische Provinzen
87/92	Unter Domitian weitere Kämpfe mit Dakien, Rom siegt, Dakien wird Klientelstaat
96	Domitian stirbt
97	Kaiser Nerva beendet Krieg gegen Sueven und Jazygen
98	Trajan wird Kaiser
101/102	1. Dakischer Krieg
106	2. Dakischer Krieg – Dakien endgültig besiegt, Trajan erklärt Dakien zur römischen Provinz
117	Trajan stirbt
161-180	Regierungszeit Kaiser Marc Aurel

166-170	Kriegszüge der Markomannen, Langobarden und Quaden gegen die Römer in Pannonien; Marc Aurel schlägt sie zurück
172	Marcomannia überwunden
175	Quaden besiegt
180	Marc Aurel stirbt in Vindobona an der Pest
180	Sohn Commodus zieht Truppen nördlich der Donau zurück – Friedensschluss
214	Caracalla sichert Donaugrenze durch Sieg über Carpen
245	Philippus schlägt die Carpen
249/251	Verlustreiche Kämpfe der Römer gegen die Goten an der unteren Donau auf thrakischem Gebiet
268	Gallienus besiegt die Goten in Makedonien
268-270	Claudius Goticus besiegt die Goten bei Naissus
270-275	Aurelian sichert die Donaufront durch Siege gegen Germanenvölker, Dakien wird den Goten überlassen.
276-282	Probus sichert die Donaulinie
300-320	Unter Diokletian und Konstantin Reformen des Heeres und der Grenztruppen
358	Unter Constantius II Expeditionen gegen Sarmaten und Quaden
368	Unter Valens Feldzüge gegen Goten
378	Valens unterliegt den Goten bei Adrianopel
382	Vertrag mit Goten über Siedlung auf römischem Gebiete und Einsatz in der Grenzsicherung zwischen Theodosius I und Athanarich
400	Festlegung der Standorte, u. a. an der Donau für Legionskräfte gemäß Notitia Dignitatum
408	Ermordung Stilichos, der als letzter germanischer Heerführer in römischen Diensten ein Vordringen der Goten ins Kernland Italien verhinderte
452	Hunneneinfälle in Pannonien
488	Regierender Germanenfürst über Italien Odoaker ordnet Abzug römischer Kräfte von der Donau an
493	Theoderich Ostgotenherrscher über Italien gewährleistet Sicherung der Donaugrenze
540	Letztmalig sichert oströmischer Kaiser Justinian I die Donaugrenze vor anstürmenden Slaven, Hunnen, Awaren

5.　Fundstellen

Literarische Quellen

Germanen und Germanien in griechischen Quellen (zusammengestellt und erläutert von Birgit Neuwald, herausgegeben von Alexander Heine)
Phaidon-Verlag, Essen-Kettwig, 1992

Germanen und Germanien in römischen Quellen (zusammengestellt und erläutert von Birgit Neuwald, herausgegeben von Alexander Heine)
Phaidon-Verlag, Essen, 1991

Caesar – Tacitus Berichte über Germanen und Germanien (herausgegeben von Alexander Heine)
Phaidon Verlag, Essen und Stuttgart, 1986

Die antike Weltgeschichte in christlicher Sicht, Band II
Orosius
Artemis Verlag, Zürich und München

Sämtliche Werke
Tacitus
Phaidon Verlag, 1982

Naturkunde Bücher III/IV Geographie: Europa
C. Plinius Secundus d. A.
Artemis Verlag, München und Zürich, 1988

Geschichte der Langobarden
Paulus Diakonus
Phaidon Verlag, Essen und Stuttgart, 1986

Römische Geschichte
Ammianus Marcellinus
Artemis Verlag Zürich und München, 1990

Neue Geschichte
Zosimos
(herausgegeben von Peter Wirth und Wilhelm Geisel)
Anton Hiersemann Stuttgart, 1990

Literaturhinweise

Die Illyrer
Hans Jörg Frommer
Info Verlag GmbH Karlsruhe, 1988

Historischer Weltatlas
F. W. Putzger
Cornelsen–Velhagen und Klasing, Berlin 1974

Historischer Schulatlas
F. W. Putzger
Verlag Velhagen und Klasing, Bielefeld und Leipzig, 1918

Das römische Imperium der Caesaren
Theodor Mommsen
Safari-Verlag Carl Boldt Berlin, 1941
Lizenzausgabe R. Lowit, Wiesbaden

Etrusker und Römer
Grandi Opere dell Istituto Geografico De Agostini
Eco Verlag GmbH Köln/Eltville a. Rhein, 1999

Kelten, Römer und Germanen
Wilfried Menghin
Genehmigte Lizenzausgabe für Weltbild Verlag GmbH, Augsburg 1994

Das römische Reich
Colin Wells
Deutscher Taschenbuchverlag GmbH & Co. KG, München 1994

Die Kriegskunst der Griechen und Römer
John Warry
Buch und Zeit Verlagsgesellschaft mbH Köln, 1981

Die römische Armee
Peter Conolly
Neuer Tessloff Verlag, Hamburg, 1976

Rom und sein Weltreich
Barry Cunliffe
Gustav Lübbe Verlag GmbH, 1979

Das neue Bild der Alten Welt
Kölner Römer Illustrierte 2.75
Prof. Dr. Hugo Borger – Wissenschaftliche Sachbearbeiter und Autoren
Historische Museen der Stadt Köln

Grundriss der Geschichte
Prof. Dr. H. Gundel, Oberstudienrätin Dr. K. Krüger
Oberstudienrätin G. Willmann

Die Kelten und ihre Geschichte
Barry Cunliffe
Gustav Lübbe Verlag GmbH Bergisch-Gladbach 1980

Constantinopel mit ringsumliegenden Meeren und Landen
Antiqua-Verlag Lindau, 1978

Deutschland vor drei Jahrhunderten
Willem und Joan Bläeu, Georg Braun, Franz Hogenberg und Joris Hofnagel
Prisma Verlag GmbH Gütersloh, 1987

Niedersachsen, Hamburg und Bremen auf alten Landkarten
Johann Jansson
Battenberg Verlag

Die Römer an der Donau, Noricum und Pannonien
Österreich Lexikon
Petronell, 1973

Das römische Wien
O. Harl
Wien, 1979

Byzanz. Der Aufstieg des oströmischen Reiches
John Julius Norwich
Econ Verlag, GmbH Düsseldorf und München, 1993

Die römischen Kaiser
Manfred Clauss
Verlag C.H. Beck, München, 1997

Pannonien und das römische Heer
Andras Moczy
Franz Steiner Verlag, Stuttgart, 1992

Grundriss der Geschichte Bd. I, Geschichte der Alten Welt
Oberstudiendirektor Karl Leonhardt
Ernst Klett Verlag, Stuttgart, 1953

Veni – Vidi – Vici Legionär für Rom
Hartmut Raddatz
Books on Demand GmbH, Norderstedt, 2012

Tödlicher Feldzug Varus gegen Arminius
Hartmut Raddatz
Books on Demand GmbH, Norderstedt, 2015

Das Römische Imperium
Friedemann Bedürftig
Naumann und Göbel Verlagsgesellschaft, Köln

Roma Victor, Die römische Legion
Tony Domin
Nikol Verlagsgesellschaft, Hamburg 2012